歴史文化ライブラリー

589

ドナウの考古学

ネアンデルタール・ケルト・ローマ

小野 昭

吉川弘文館

目　次

ドナウ川と考古学—プロローグ……………………1
広域の比較は可能だろうか／ドナウ川上流域へのこだわり／自然環境と人類活動／現代社会の中の遺跡や記念物

氷河時代狩猟民の生活世界　旧石器時代の人びと

氷河時代のドナウ川源流域の景観は……………12
ドナウ川／目にする景観：現在と過去／氷期・間氷期のサイクル／ドナウ上流域は氷期区分の標識地／四氷期区分はいまでも有効なのか／最終氷期の氷河の広がり／最終氷期の景観は

ドナウ川上流域のネアンデルタール人……………27
ネアンデルタール人の名の由来／遺跡の分布と集中／アッハ渓谷／ローネ渓谷／ヴァインベルク洞窟遺跡／いくつかの特徴

新人（ホモ・サピエンス）の出現……44
交替の様相／ドナウ川をさかのぼる／「文化ポンプモデル仮説」

技術の複合的な革新……49
全体の様相／ガイセンクレステレ遺跡／ホーレフェルス遺跡／石器の遺跡間接合／ホーレンシュタイン・シュターデル遺跡／フォーゲルヘルト遺跡

象徴性に富む文化の創造……65
新しい道具のセット／さまざまな装飾品／氷河時代の芸術品／楽器（フルート）の驚き／フルートの二種／社会関係を推しはかるむずかしさ／交流と集団関係／南に退きはじめる氷床／研究展開の基礎

後氷期と有畜農耕民の出現　中石器・新石器時代

ドナウ川上流域の中石器時代……90
去り行く氷河／中石器時代へ／編年の詳細

環境と人類活動……96
環境変動と人類の適応／ウラーフェルゼン遺跡／アルプスの小径と狩人／ドナウ川流域への回帰／因果関係の破れ／自然決定論から生物主導論へ

農耕民と狩猟民……110
アルプスの北回りルート／リス―レック平地／関係のモデル化

ドナウ川上流域の新石器時代の特徴……118
中部ヨーロッパの特徴／ドナウ川上流のフェーダー湖／アイヒビュール／活躍する助手ハンス・ライナート／一九七九年以降の調査の進展／成果の編年／杭上住居か湖岸の住居か／フリントの採掘／採掘は新石器時代のいつか／採掘という生業の性格／中部ヨーロッパへ広く供給

青銅器・鉄器時代からローマによる支配まで

青銅器時代……140
青銅器時代の区分／時代が重複するホイネブルク／青銅器時代中期のホイネブルク／青銅器時代後期の湿地集落

ローマ以前の鉄器時代……152
マグダレーネンベルクの大墳丘墓／墳丘の構造と多数の追葬／ホイネブルク／調査の進展／「ケルト人」の記述はどこに／「ローム煉瓦の壁」／食料経済／物流の様相／マンチン遺跡の広がり／防壁の素材と量の試算／オッピドゥムとは／城塞集落の構造／多様な生産物と交易／平地の村か都市か／M・ヴェーバーの都市類型論／理念型と反証の可能性／発掘の特徴と概念的な把握／追証と反証と考古学

ドナウ川上流域がローマの支配下に……185
マンチンの終焉／ローマの進出／洞窟にもあまねく／辺境の防壁／国境の町パッサウ

埋蔵記念物の保護とその広がり

ドイツの特徴ある保護制度と保護法……194
現在からの価値評価／保護法の一国一六法制／ドイツとＥＵ／バイエルン記念物保護局

環境・記念物保護と観光の質……200
土地景観と記念物／周辺と調和する遺跡整備／背景／記念物の保護だけではない／観光の質を問う／個性ある立て札

共通性と違いとの対話―エピローグ……209
どのあたりに境界があるのか／広域比較の可能性／用語や概念の整理／ドナウ川とのかかわり／小河川とドナウ／気候の回復と適応の拡大／フェーダー湖の遺跡は？／青銅器時代はどうだったのか／鉄器時代のドナウ川／ローマによる征服

あとがき

引用文献

ドナウ川と考古学——プロローグ

1　ドナウ川と考古学

広域の比較は可能だろうか

ドナウ川の源流や上流域にはさまざまな時代の多様な性格の遺跡がある。川が文化や支配の領域の境界をしめすこともあれば、離れた地域を結びつける手段にもなる。流れに沿って遺跡を訪ねる中で、広域の比較の問題、自然と人類の関係、現代社会と考古学が切り結ぶ点などを訪ね掘りさげてみたい。

その過程で遺跡に固有の姿と、より広い地域の特性、さらに広くユーラシアレベルの共通性などを探ることにしよう。ドナウ川は二八八八㎞の川の流れで、三〇〇〇㎞に近いが、本書はドナウの源流から上流の考古学の世界を訪ねる。それはドイツを流れるドナウ川の流域である。南ドイツを西から東に流れるドナウの流域だけでドイツ考古学の多様な姿を紹介することは不可能である。あくまでも南ドイツの考古学の成果にふれながら、国境の町パッサウまで遺跡を訪ねる旅にでることにしよう。

ドナウ川と聞けば、ヨハン・シュトラウス作曲の「美しき青きドナウ」を想いおこす人は多いだろう。あるいはまた宮本輝の小説『ドナウの旅人』に結びつく人もいるだろう。雨水を集めるドナウの源点では川幅はわずか数十㎝であるが、パッサウの町で川幅は一五〇〜三五〇ｍになる。ドナウはどの場所で、どの季節に、どんな天候のもとで眺めるかで、透明なドナウ川、青く美しく輝くドナウ川、深く灰色に悠然と流れるドナウ川があり、いろんな顔をみせる。

自らの問題意識にもとづいて課題を設け、発掘をとおして成果をつむぎだす考古学の研究者であればだれもが自覚しているように、発掘はあくまでも個別の一地点である。まるで地球儀に極細の針を突き立てた場所のようである。

調査した一カ所ないし数カ所の成果から、いきなり一般化した仮説としてどの地域にも適用可能な普遍的なモデルを提起しようとする研究者もいる。この場合、個別と一般の間が飛んでしまうので歴史性が脱落する。空中に浮いている事例はなく、どの事例も前後の歴史的な変遷の中に位置を占めているからである。

悩ましい点でもあるが、考古学の場合、特に遺跡や遺物の分布の関係がついてまわる。どういうことかというと、文字史料が出現してから以降をあつかう歴史学、たとえば古代の制度史などを考えてみよう。その制度がどこまで機能していたか地図上にはっきり線引きしてみて下さい、と問われることはあまりないだろう。ところが考古学の場合、文字がない時代では発掘した複数の遺跡や遺物の研究にもとづいて、その個性的で特徴的な広がりを分布としてしめすことが要請される。地域的な違いが問われることのない物理・化学系のさまざまな科学と違って、考古学の研究成果の特徴は個性的な広がりや特殊な広がりとしても理解される必要があるからだ。

ドナウ川上流域へのこだわり

日本列島をフィールドとして旧石器時代を中心にわたしは仕事をしてきたが、ドナウの源流域のフィールドワークも断続的につづけてきた。東京からドナウの水源地までは直線距離で約九五〇〇km以上もある。はるか遠くの地である。にもかかわらずなぜなのか。日本列島の旧石器時代の遺跡の地層の多くが弱酸性であるため、いくつかの例外があるものの、有機質の資料が残ることはほとんど望めない。それを補うために、世界各地の民族誌の資料を使って失われた部分の参照枠として補いたいという誘惑にかられる。しかしわたしはそれを避け、可能な限り保存条件のよい外国の同時代の確実な資料に依って比較することで問題を組み立てようとしてきた。ドナウの源流域や上流域には遺物の保存条件にめぐまれ、層位にもとづく堅固な編年が整った遺跡が集中する。そのため広域の比較をする際の条件が充分あるので、ドナウの源流域にこだわってきた。

ところが、旧石器時代に限らず新しい時代でも、考古学の方法としては広域の比較論は世界的に未開拓である。歴史現象の変化を細かく把握するための編年研究に莫大なエネルギーを注いできた世界中の考古学の成果と比べると、広域の比較論は未発達であり、このコントラストは鮮明である。本書はドイツのバーデンヴュルテンベルク州とバイエルン州の、旧石器時代からローマによる支配のはじまりまでを、広域の比較の可能性を念頭に、ドナウ川の流れに沿って遺跡を訪ねる旅である。

自然環境と人類活動

地球の自然環境の収容力を超えて、人類の経済活動が世界中に展開している。地球は劣化しない無限の自然ではなく、もはや有限の価値物に転化しているという実感は、一九六〇年代の後半から個人的にはすでにあった。それから半世紀を経た今日ではいよいよ地球の温暖化による気候の変動が著しく、さまざまな学問分野で自然環境と人類活動の関係がとりあげられて論じられている。あふれかえっていると言っても過言ではない。歴史学、考古学の諸分野でも同じである。

自然環境と人類の間の相関は、うまく追究すれば明らかにできる場合が多い。では相互の中味はどうか、どちらがどちらを、どの程度に規定する関係にあったのか、と問いを発すると不明のことが多い。そのため、いきおい一般論や総論的な記述になって、結論の中味が出発したとき仮定として設けた前提に帰ってしまうという同義反復（トートロジー）の議論が多い。みなさんはうんざりした経験がないだろうか。パンを求めて石をあたえられるような苛立ちに襲われる。

相関関係を超えて、自然環境と人類活動の因果関係は、総論ではなくあくまで具体的な事例でしめされなければ意味がない。それでは、ドナウ川に沿った遺跡の事例で具体的にしめすことができるのだろうか。ネアンデルタール人が担った文化からローマによるドナウ川上流域の支配の時期まで、長い時代の経過の中にそんなテーマを追求できる事例はあるのだろうか。実はむずかしい。しかし、中石器時代の事例でその可能性を実現できそうである。自然決定論でもなく、単なる自然と人類の相互関係論でもなく、相互の因果関係の鎖が破れる特異点を見つけることで、人類（生物）の側が関係の主導をにぎっている可能性をみることにしよう。

現代社会の中の遺跡や記念物

いまわれわれが眼にする建築物は大から小にいたるまで、長い時間がたてば、コンクリートや鉄骨でさえも風化・劣化して崩れ落ちる。時間を超マクロスケールで見れば、遺跡や記念物といわれるものも、こうした去り行く「引き算」の過程のある段階をあらわしているのである。完全に土中に埋没し、地表に立体的な痕跡を残していない遺跡は旧石器時代のそれが典型であり、洞窟絵画などは地上にある極めてまれな例である。

ドイツでは「文化財」の用語は使わずに、地上にある建物の廃墟も、廃墟でないものも、地中に埋もれた遺跡も、大くくりの用語はすべて「記念物」である。地中にある遺跡は「埋蔵記念物」と呼ばれる。

残っているから文化財なのではない。それは発掘と調査研究の結果、現在のさまざまな価値評価によって再発見され位置付けられた過去であり、遺跡・記念物となったのである。だから遺跡の保護と活用にはそれぞれの国、それぞれの地域の「現代」が鋭く反映される。

ドナウ川源流域・上流域の遺跡の保護でも同じである。発掘調査と聞くと、大学や博物館など研究機関によるものが多いと思われるかもしれないが、世界中どこでも工事などによる事前調査・緊急発掘が圧倒的な割合を占めているのが現実である。

ドナウ川の源流地点からおよそ六〇㎞下ったあたりから石灰岩の岩肌が絶壁をなしてそそり立つ景観が現われ、この渓谷に沿って、旧石器時代の終わりころから中石器時代にかけて、いまからおよそ一万年前にさかのぼる洞窟遺跡や岩陰遺跡が数多くある。こうした景観の中にある遺跡は狭く急峻な場所に立地しているので周囲に大規模な開発工事はほとんどなく、遺跡が大量に破壊されたという話は聞いたことがない。

ところがこうした景観を抜けてドナウ川が平地に流域を変えるようになると、新石器時代の集落遺跡、青銅器時代の遺跡、また鉄器時代前期から後期に現れるケルト人の大規模な堡塁や城塞集落など、現在の都市近傍の広い地域にまたがる大遺跡の場合は、さまざまな現代の開発行為とぶつかることになる。ケルト人とはギリシャ語でケルトイ（Keltoi）と呼ばれ、インド・ヨーロッパ語族のなかの西方系の一民族で、南ドイツ地方が原住地であったといわれている。

文化財（記念物）保護法も各国ごとに多様で、フランスや日本のように一国一法制で集権的な国もあれば、ドイツのように分権的な国もある。ドイツの場合記念物保護法は州ごとに違う。州の数は、州ならびに州の資格を付与されている若干の都市をふくめ一六あるので、一国一六法制であり分権性が突出している。

ヨーロッパ全体の特徴として、遺跡や記念物は、修復してもよいが根拠が明確でない復元はしてはならない、という歴史的建造物の保存・修復に関するユネスコの国際憲章であるヴェネツィア憲章（一九六四年）の強い伝統のもとにあるので、調査後の保存・活用の際に大きな問題となる場合が多い。ドナウ川に沿って、復元されて美しく静かにたたずむ遺跡も、そうなるまでには保存への忍耐強い努力、苦心と対応があり、考古学が現代の文化財行政と直面する最も生臭い現実との力動的な関係が必ず秘められている。本書の後半でこの遺跡の保護の問題にもふれることで、日本の文化財の利活用の問題にも、ささやか

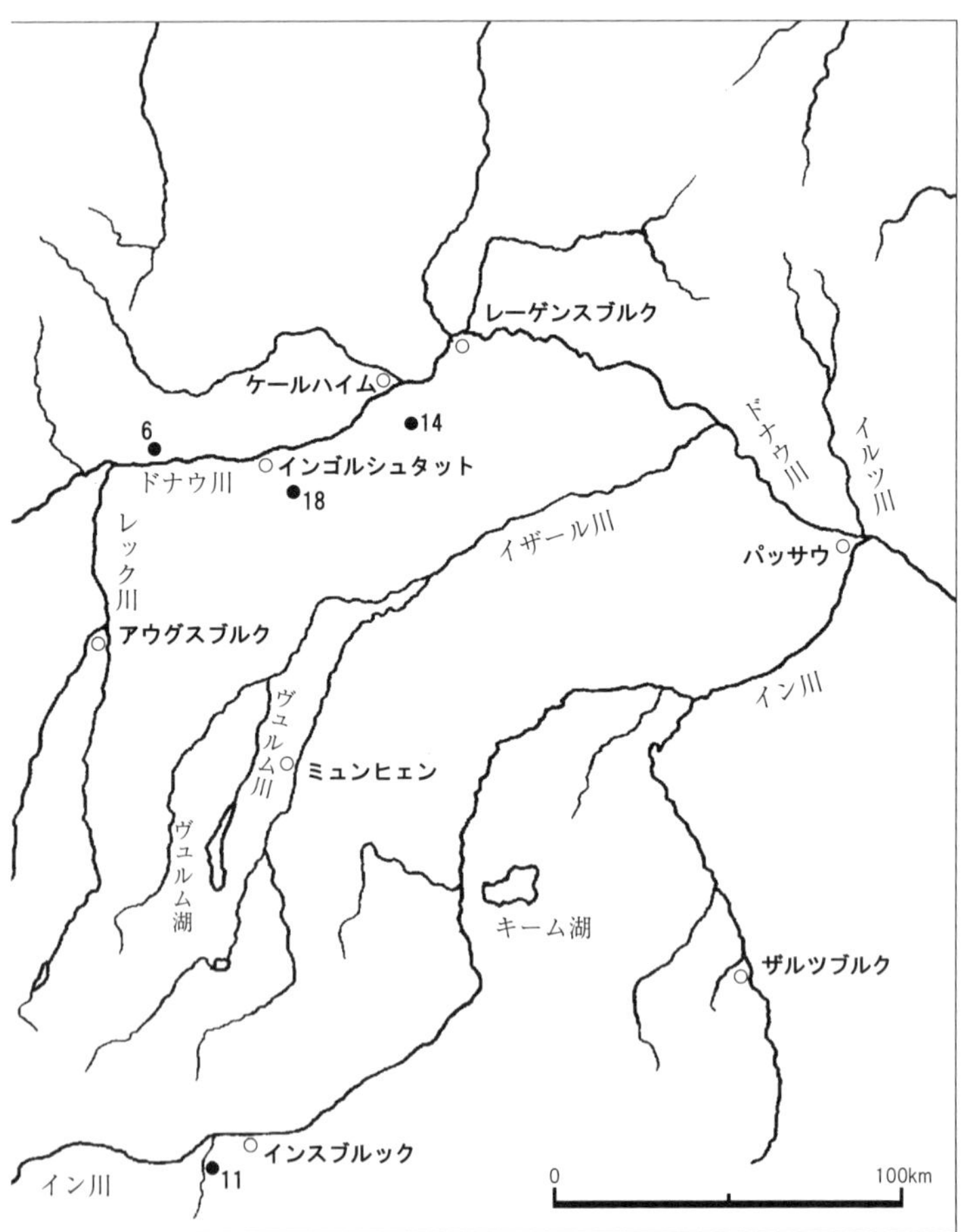

主な遺跡の位置

3ボックシュタイン洞窟遺跡群（旧石器） 4ホーレンシュタイン洞窟遺跡群（旧石器・帝政ローマ） 7ピータースフェルス洞窟遺跡（旧石器） 8ツィゴイナーフェルハウス洞窟遺跡（中石器） 11ウラーフェルゼン遺跡（中石器） 12アイヒビュール遺器） 15ホイネブルク遺跡（青銅器・鉄器） 16ヴァッサーブルク遺跡（青銅器）

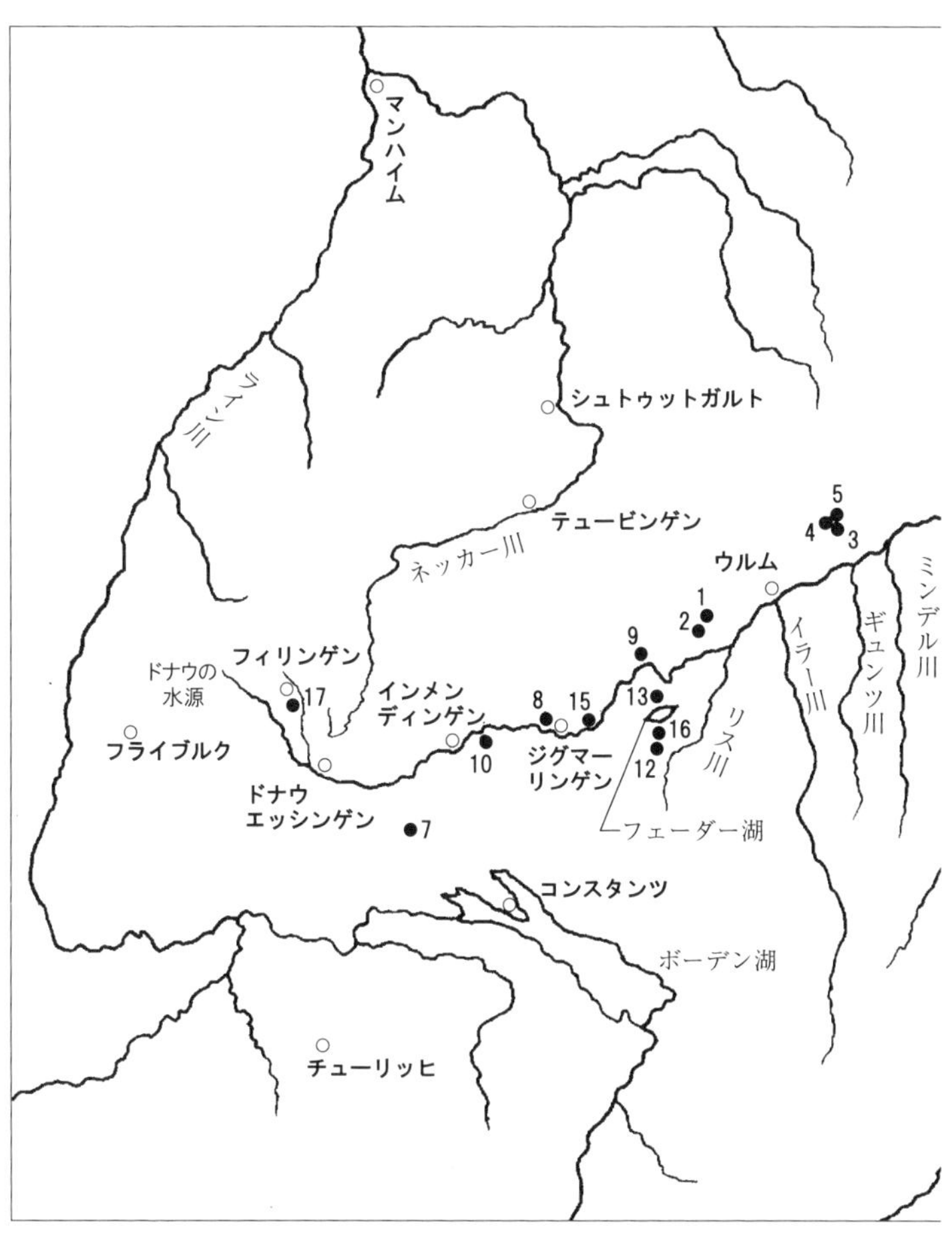

図1　本書で訪ねる

1ガイセンクレステレ洞窟遺跡（旧石器）　2ホーレフェルス洞窟遺跡（旧石器）
器）　5フォーゲルヘルト洞窟遺跡（旧石器）　6ヴァインベルク洞窟遺跡群（旧石
ス洞窟遺跡（旧石器・中石器）　9ラウターエック岩陰遺跡（中石器）　10イェーガー
跡（新石器）　13エーデンアーレン遺跡（新石器）　14アルンホーフェン遺跡（新石
17マグダレーネンベルク遺跡（鉄器）　18マンチン遺跡（鉄器）

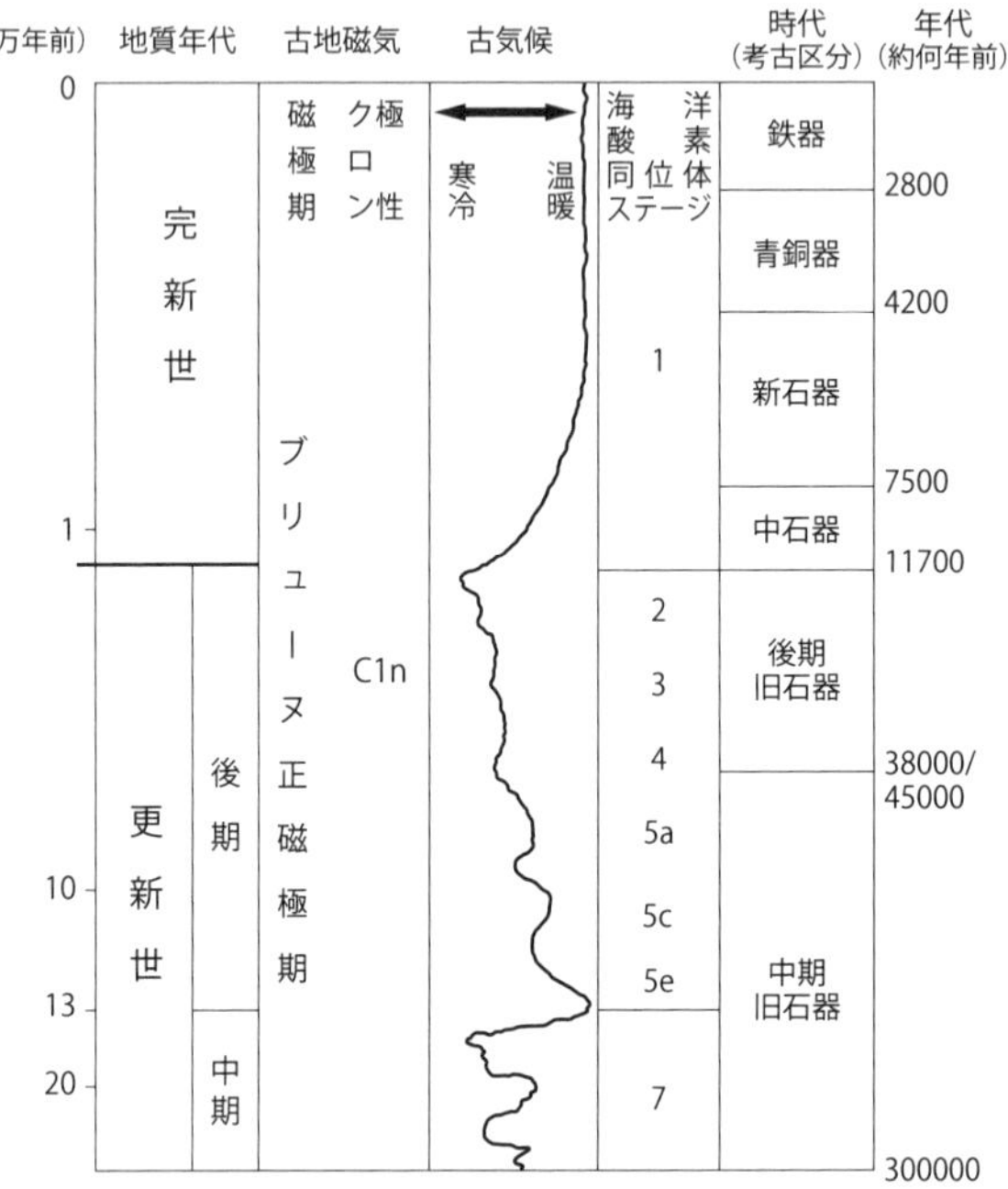

図２　本書であつかう考古区分と地質・古気候の対比

ではあるが比較の視点を提供することができるのではないだろうか。

先に進む前に、本書で紹介する主要な遺跡の位置をすべて図中にしめした（図１）。また中部ヨーロッパの考古学の編年表を掲げるので、参考にしていただきたい（図２）。

氷河時代狩猟民の生活世界

旧石器時代の人びと

氷河時代のドナウ川源流域の景観は

ドナウ川

「歴史の父」といわれる古代ギリシャのヘロドトスは、いまに伝わる最古の史書『歴史』の中で、スキティア（スキタイ）の河川を記した巻四、四七・四八章でドナウ川について記している。ドナウという呼びかたはドイツ語だが、ギリシャ語ではイストロス、ラテン語ではダヌウィウス、英語でダニューブである。「……次に名の高く、海から遡航できる川の名を列挙しよう」といって八つの川の名をあげ、最初に「イストロスは、われわれの知る限りでは世界最大の川で、夏冬を問わず同じ水量を擁して流れている。スキティアの河川の中では最も西部を流れる川で、これを最大の川たらしめているのは、他の河川がこの川に注いでいるからである」と（松平訳一九六七）。

ヘロドトスの『歴史』は紀元前五世紀後半に書かれたと推定されているが、これがおそらく文字に記されたドナウ川の最古の例だろう。

ドナウ川はヨーロッパをほぼ東西方向に流れる唯一の大河川で、南ドイツのシュヴァルツヴァルト（黒い森）に源を発し、ドイツ、オーストリア、スロヴァキア、ハンガリー、クロアチア、セルビア、ブルガリア、ルーマニアを流れて黒海にそそぐ。

西南ドイツにあるドナウエッシンゲンの町は、「ドナウの源泉」の地として有名である。この町の「館の泉」で湧き出る水がドナウの源泉であるとされている。しかしこれを否定する説が出されて以来長く論争が続いている。小河川ブレークの水源地がドナウ川の源であるという主張である。

図３　ドナウ川の水源地
背後のすり鉢状の草地から水を集める.

まだカーナビが普及する前、ドナウエッシンゲンから車で聞き込みをしながら、事実上のドナウ川の水源の町フルトヴァンゲンまでたどり着いた。さてピンポイントにどこなのか聞くと、水源地はそこからさらに八㎞ほど先の森の中だという。ようやくブレークの源

図4　ドナウ川の源流域フリーディンゲン近くの景観

流点を訪ねてみると、石灰岩地帯によくあるような地の底の裂け目から水が渾々と湧き出る源泉ではなく、スリバチ状の草地の地形で、雨露を集めポタポタとしずくが落ちる小さな集水の水源であった（図3）。海抜一〇七八ｍ、ここから黒海まで二八八八㎞と刻まれている。もうここはドナウ川とライン川の分水嶺にある。水源から二〇〇ｍも行けばライン川の方に地形が傾斜する。だから、この付近の雨は北海側か黒海側のどちらに落ちるかで、水滴の運命が決まる。

水源から数㎞下ると川幅は三〇㎝ほどしかないが、川底の石の凹凸を映して水面がおどる小川のドナウ川があらわれる。さらに六〇㎞も下ると、木々の葉裏輝く陽の光

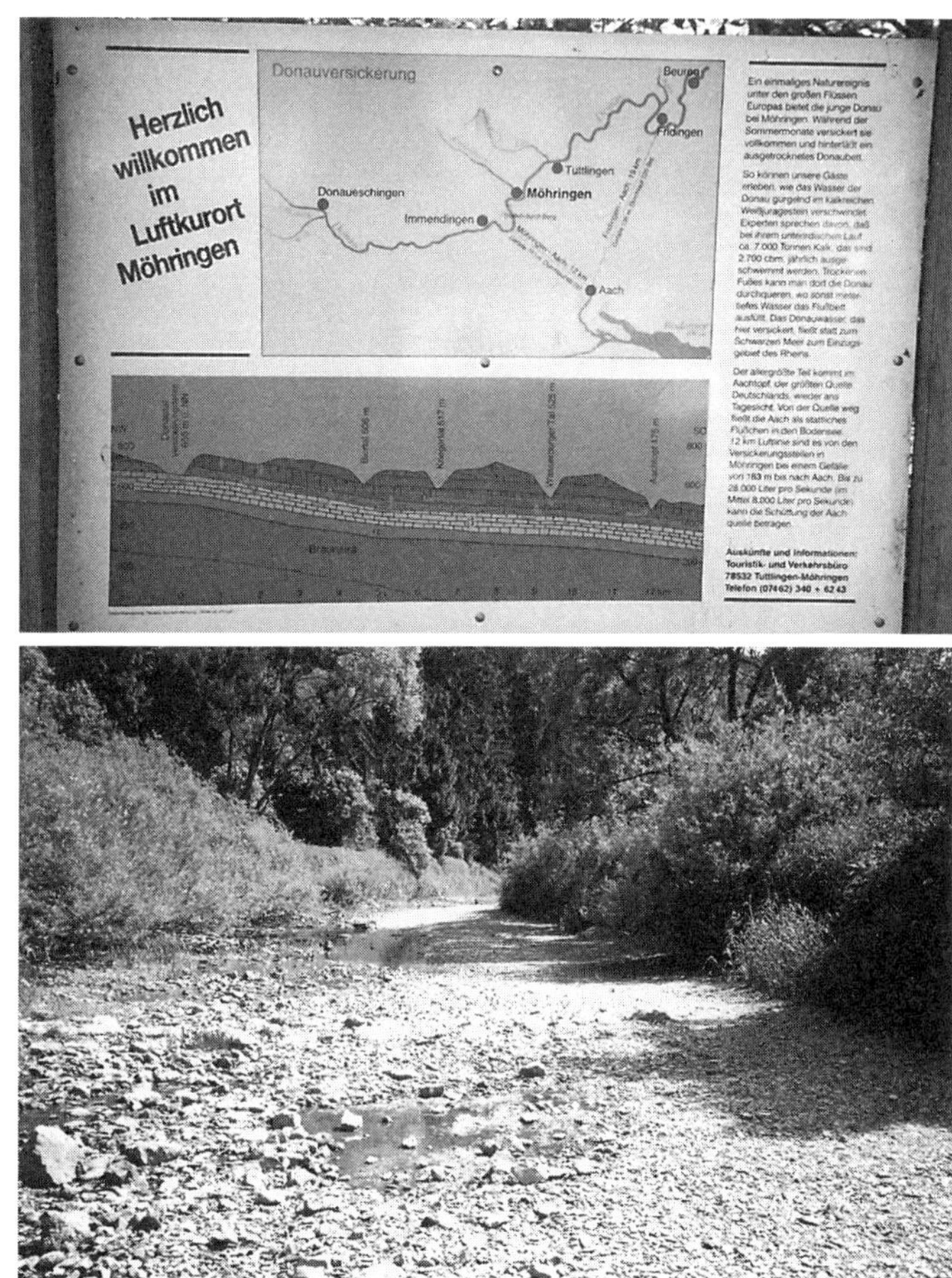

図５　乾期に水の無いドナウ川

上：乾期の渇水地点をしめす看板　下：ドナウ川の水が姿を消す一地点であるインメンディンゲンの河床

に映えて、切り立った白い石灰岩の岩肌が迫り、ラディカルに屈曲蛇行する源流域のドナウ川の景観が顔を見せる（図4）。だが、源流域の数カ所ではカルスト状の河床の割れ目に吸い込まれて乾期には川に水がない。確かめようと六月に出かけてみると、そこはたしかに河床の礫があらわになった涸れ川だった（図5）。

こうした風景を旧石器時代の人びとも見ただろうか。狩猟活動では微地形をよく理解し、そこに生息する狩猟対象獣の習性、季節的な動物の移動とそのルート、狩猟に適したポイントの確保などを熟知して旧石器時代の生活世界を設計していただろうから、目にする景観の理解はよほど正確で深い集団知で支えられていたに違いない。

目にする景観：現在と過去

では、いまわたしが見た景観の印象を旧石器時代へと折り返して投影していいだろうか。何回にもわたる氷期と間氷期の繰り返しでドナウ川の流路は大きく変わった場所が多く、また氷河期には四季はなく、夏・冬の二期だったといわれている。いま目にする美しい景観に心奪われ、私的な感情を遠い過去に投影して抱きしめたい気持ちにとらわれる。だが、それは何か美しいものであっても、正確とは限らない。自分が目にしたドナウの川辺をカンバスに描くことはできるが、そこに悠久の過去の人びとの活動の姿を直接描くのは、ちょっと待て。それなりの調査や分析のデータが必要である。だから、古環境の分析されたデータにもとづいて禁欲的に描き、復元する必要がある。これが正確な表現だろう。なんだか考古学って不便だな、と思われるかもしれないが、事実不便である。小説を書くのであれば別であるが。

氷期・間氷期のサイクル

こんにちでは地球規模の寒暖の様相を地域的な氷河期の名前であらわすことはない。グリーンランド、北極、南極、各地の高い山岳地には氷河が発達しているが、地球上には氷河に覆われなかった地域が圧倒的に多い。地表が氷河に覆われなかった地域の過去の寒暖の変化を氷河の消長で直接説明することはできないので、氷河に覆われた地域の研究を応用して寒暖の変化を復元してきたが、実際はなかなかむずかしい。

一九五〇年代後半以降になると、海洋酸素同位体の層序から過去の気候変動の履歴の解明が可能であることがわかってきた。それはどんなことか。自然界にある多くの元素には、同一の元素であるが原子核内の中性子の数が異なるため質量数が異なる原子があり、これを同位体という。酸素原子の場合質量数16の酸素（九九・七六%）、17の酸素（〇・〇四%）、18の酸素（〇・二%）がある。軽い$^{16}\mathrm{O}$のほうが蒸発しやすく、その結果寒冷期の海洋には重い$^{18}\mathrm{O}$の濃度が増加する。それは蒸発した$^{16}\mathrm{O}$が氷河の中に固定されてしまうからである。$^{17}\mathrm{O}$はあまりにも量が少ないので使わず、$^{18}\mathrm{O}$／$^{16}\mathrm{O}$比を使って過去の気候の変化をあらわす。海に生息する単細胞のプランクトンである微細な有孔虫の殻体は炭酸カルシウムであり、その時どきの酸素同位体比が殻の中に反映されている。死んで海底に堆積して長い時間が経過して地層を形成する。海底をボーリングして、引き揚げたコアを分析することで遠い過去の寒暖の履歴を復元できるのである。

基準が必要であるので、番号をつけて温暖期（間氷期）である現在を一番とする。するとさかのぼる直近の寒冷期（氷期）は二番となる。このように結果として温暖期が奇数、寒冷期が偶数のステージで表記される。ここで重要であるのは、過去を対象とする科学には何か基準がないと、いきなり過去を表現できないので、現在を基準にすることである。間氷期の只中にある現在を基準として一の番号を付けるのはその例である。過去の海水準の推定も現在の海面の高さを基準にゼロ設定して、それを基準に下降・上昇を議論するのである。つまり起点や基準の現在主義である。

地球の現代史である第四紀更新世の始まりはおよそ二六〇万年前である。偶然だが人類のホモ属が出現する年代と一致している。海洋の酸素同位体ステージの寒暖の区分は、現在を一として二六〇万年前の第四紀の開始期の一〇四番まで番号が振られている。地球上には、いま氷河に覆われているかあるいは過去に氷河が覆った地域よりも、海に囲まれるか接している地域が多いので、こうして、海洋酸素同位体ステージ（Marine oxygen isotope stage 略号ＭＩＳ）によって大づかみな長期の編年の枠組みを使ってグローバルな対比がおこなわれている。ただ、海底に堆積する地層は、陸に積もる雪が堆積し圧密を受けてできる氷床の堆積速度と比べると非常に遅いので、時間の分解能が低い。つまり細かな編年にはグリーンランドの氷河やヨーロッパアルプスなどの氷河の堆積物の方が有利なのである。

ドナウ上流域は氷期区分の標識地

ドナウ川の源流から上流域は、ヨーロッパアルプスの氷河の消長にもとづく気候変動の研究史上、著名なフィールドであったし、現在でも詳細な氷河研究が進められている地域である。

ヨーロッパアルプスで氷河の作用は一回だったのか、それとも複数回あったのだろうか。それが決着したのは一九一三年のことで、氷期が複数回繰り返されたとする論者が勝利したのである。

ヨーロッパアルプスには古い順にギュンツ、ミンデル、リス、ヴュルムの四回の氷期が繰り返されたことが解明された。このアルプレヒト・ペンク（一八五八－一九四五）とエドゥアルト・ブリュックナー（一八六二－一九二七）による説は、一九〇一～一九〇九年にかけ、約一〇年かけて『氷河時代のアルプス』として刊行され、二〇世紀初頭における氷河研究の金字塔と評価されてきた（Penck & Brückner 1901–09）。

あまり知られていないことだが、実はこの大部な業績は、懸賞論文に応募したものである。一八八七年にドイツ・オーストリアのアルプス協会ブレスラウ支部は、「オーストリアのアルプス諸地域の氷河作用」という懸賞課題を提出し、正確な地図、地層プロフィール、氷河の流れ、表層地形の様相の解明によって、現代の氷河地質学がこうした課題にどのように取り組んでいるかを求めた。懸賞金総額は三〇〇〇マルクであった。当時は金本位通貨（一マルク＝純金三五八㎎）の金マルクだろうから、今日の日本円に換算すれば二〇〇〇年の段階では一二〇万円くらい、それから七倍以上も跳ね上がった二〇二二年段階なら約八〇〇万円にもなる。ということで正確に換算しようと試みても変動が大きいので、あまり気にせずにおよそ数百万円だろうか。

研究を主導したペンクはこの課題にせまるにあたって、地域をドナウの源流域からミュンヒェンを通ってオーストリアのザルツブルクまでカバーするアルプスの北麓部全体に広げた。

ペンクは早く一八八〇年代の初頭から、氷河の拡大と氷河後退の周期的なくり返しが地表形態におよぼす影響の探求に没頭していた（小林・坂口一九八二）。『氷河時代のアルプス』では氷河成の堆積物や地形が詳細に記述されている。礫層の高さと厚さに注目すると、礫層はアルプスの山体に近づくほど高く、厚くなることをつかみ、礫層は山麓近くで氷河が運んできたモレーン（氷堆石）に移り変わっている、つまり段丘礫がモレーンと結びつ

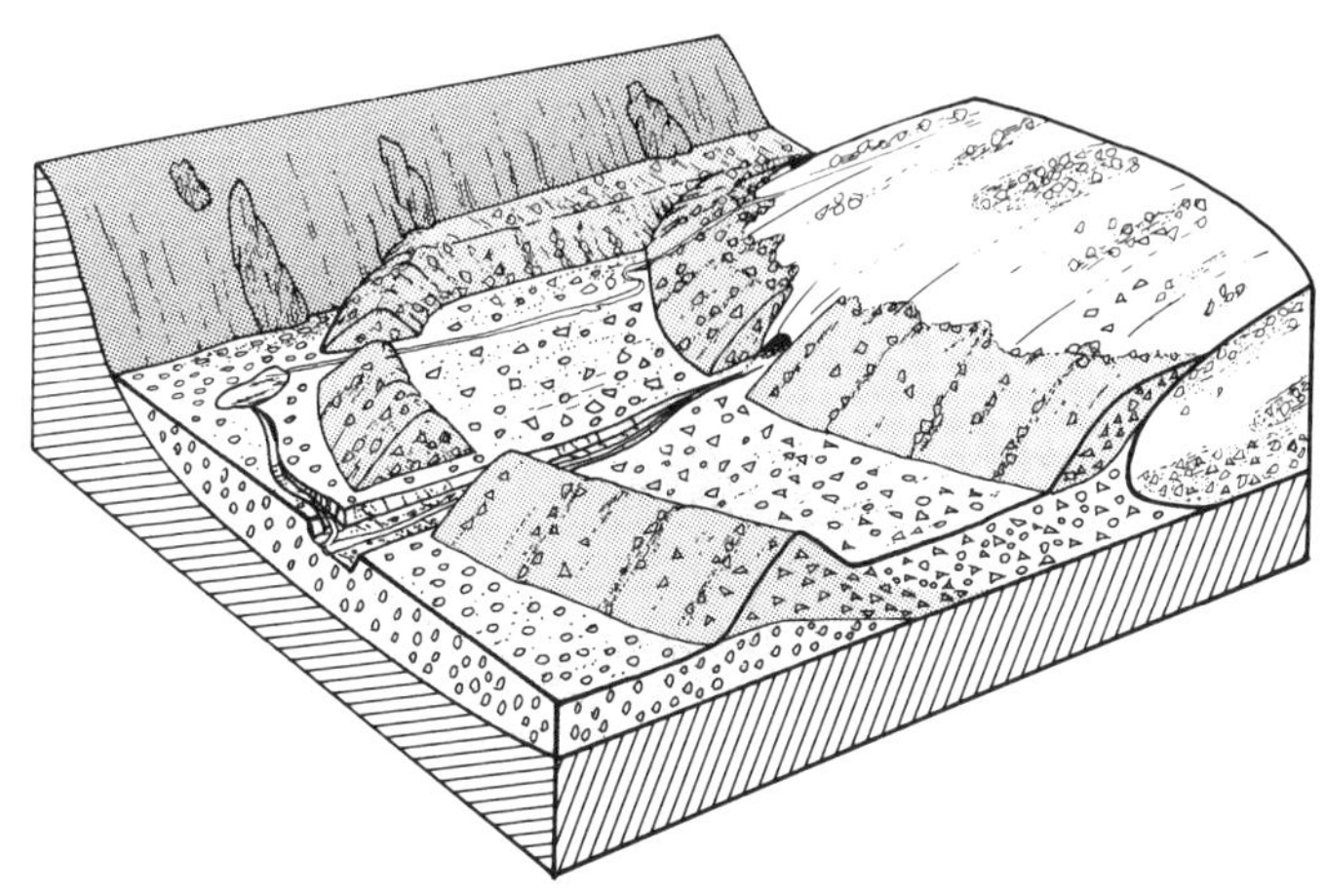

図6　氷河の後退と残されたモレーンの模式図（Müller-Beck<Hrsg.> 1983）

いていることがわかったから、低位、高位の段丘と氷期の新・旧を把握することができたのである。

モレーンとは、分厚い堆積の氷河がゆっくり流れる際に岩体を削りだして運んできた岩屑（がんせつ）である。氷河は粘性の大きい流体であるから氷河の末端は舌状に張り出す。温暖期になって氷河が溶けて後退すると、削りだしてきた岩屑がドーナツ状の丘としてそこに残り、氷河がどこまで拡大したかの証拠を残す（図6）。

こうしてペンクらは古い順にギュンツ、ミンデル、リス、ヴュルムの四氷期を区分することに成功した。これらはみなアルプスの北麓から北に向かって流れ、ドナウ川にそそぐ支流の名である。ウルム市のあたりからミュンヒェンの南郊外をかすめ、東のオーストリアのザルツブルク方向にアウトバーンを飛ばすと、ドライバーには心地よいアップダウンが多くなる。それは最終氷期であるヴュルム氷期の舌状に広がる末端モレーンを横切って、比高五〇m～六〇m、幅数百mの丘状のモレーンの上をほぼ東西方向に横切って走るからである。

こうして、気候変動による氷河の前進・後退が、地形の変化を引きおこす。植生の変化は気候と地形の変化によって多様である。植生に規定される動物相の変化は、食物連鎖の頂点にいる人類の適応的変化をうながすなど、相関や因果の関係を複雑にあらわす。特に旧石器時代、中石器時代、新石器時代初頭を考える際には、氷期末～後氷期の環境の問題は当時の集団の生活に深く突き刺さっている。

ペンクとブリュックナーは、大判三巻本で総計一一九九頁の大著『氷河時代のアルプス』の序文に記している、「われわれが休暇にあるときも公務にあるときもふくめ、二〇年以上をついやして従事してきた研究に別れを告げ、この仕事を締めくくるのである」と。一九〇八年八月三〇日の日付である。

四氷期区分はいまでも有効なのか

いま寒暖の気候変動は酸素同位体のステージであらわされることが多くなった。それでは古典的なアルプス四氷期説は現在でも有効なのだろうか。

ペンクらの氷期区分は氷期ごとの一連の地形のシリーズからなる。それは、(1)ドラムリン(氷堆丘)をともなう舌状の盆地、(2)モレーンの残丘、(3)アウトウォッシュプレーン(氷河前面に形成される扇状の礫堆積の平地)のセットである。その後一九三〇年代、一九五〇年代にギュンツ氷期よりも古いビーバー氷期、ドナウ氷期が追加された。それは、ウルム市の南約五〇㎞にあるメーミンゲンの町付近で確かめられる。この町はイラー川に臨む。イラー川はリス川とギュンツ川のちょうど中間を流れ、ウルム市でドナウに合流する。

メーミンゲン付近はアルプスの第四紀層序の鍵になる地域で、バーデンヴュルテンベルク州とバイエルン州ではこんにちでもこの地域における氷期区分として、古い順にビーバー、ドナウ、ギュンツ、ミンデル、リス、ヴュルムの氷期が基本の編年層序として使われている(Veit 2002)。

ただ、右にかかげた三つの地形学的な特徴のセットの条件を満たすのは、アルプスの北麓に展開するギュンツ、ミンデル、リス、ヴュルムの四氷期についてだけであるという(Ehlers, et al. 2016)。本書の旧石器時代の遺跡に深く関係するのは最終氷期のヴュルム氷期である。氷期の地形は末端モレーンをはじめ特徴的な氷河地形だけでなく、氷河が後退して残していった後氷期、完新世初頭の地形が重要である。

最終氷期の氷河の広がり

ヴュルム氷期の最盛期（極相期 LGM = the Last Glacial Maximum）には氷河がどこまで北にのびていただろうか。ヴュルム氷期の氷床がドナウ川を覆うことはなかった。しかし、ドナウの水源から東南に直線でちょうど五〇㎞の地点、ドナウ川に臨むインメンディンゲンの町ではドナウの右岸南八㎞にまで氷河の先端が迫っていたことが、モレーンの分布から復元されている。これがドナウ川にヴュルムの氷河が最も接近した記録である（Dongus 2000）。

インメンディンゲンからウルムを通過してその東に隣接するギュンツブルク付近までのドナウの流れはおよそ一五〇㎞ある。この間にはこれから訪ねる旧石器時代、中石器時代の著名な遺跡が集中している。ドナウ川は途中でやや北東方向に流路を変えるので、ウルム市付近からはヴュルム氷期の最も発達した氷河の先端までは南へ約六〇㎞の距離がある。

リス／ヴュルム間氷期（エーム温暖期）以降を最終氷期としてひとくくりにすれば、約一一万五〇〇〇年前から一万一七〇〇年前までをカバーする。ただこの間には、ネアンデルタール人の人口減少と絶滅が起きてホモ・サピエンス（新人）に交代し、後期旧石器時代の様々な革新的な文化現象が多面的に展開するため、気候変動や文化の動きをより細かな時間の目盛りで追跡する必要がある。現在最終氷期は、海洋酸素同位体（ＭＩＳ）ステージでいえば、ＭＩＳ5、ＭＩＳ4、ＭＩＳ3、ＭＩＳ2にあたる。

最終氷期の最盛期はおよそ二万八〇〇〇～二万四〇〇〇年前くらいまで継続し、それ以降は寒暖の変動を繰り返しながら次第に寒冷気候がゆるんでくる。ただ、そのまま温暖化するのではなく、一万四〇〇〇～一万一七〇〇年前まで急激な短期間の寒冷化があり、新ドリアス期（ヤンガー・ドリアス期、略称ＹＤ）と呼ばれる。それ以降急激に温暖化してこんにちまで続いている。ヤンガー・ドリアス期の終わりをもって更新世は終わる。それ以降こんにちまでを完新世と呼ぶ。

最終氷期の景観は

本書では中期旧石器時代のネアンデルタール人の遺跡も訪ねるが、中心は後期旧関時代のオーリナシアン（オーリニャック文化）、グラヴェッティアン（グラヴェット文化）、マグダレニアン（マドレーヌ文化）である。

ドナウ川を基準にみると、いずれも川の北、つまり遺跡はほとんどドナウ川の左岸にしか立地していない。氷河の先端からドナウ川までの間は氷河氷から流れ出る小河川が乱流し、氷河前面に形成される扇状の礫堆積の平地（アウトウォッシュプレーン）が広がる景観であった。平均気温はこんにちよりも七度前後も低かったといわれ、また著しく乾燥した気候であった。氷に覆われていないからといっても人類の居住に適していなければ遺跡は立地しない。ドナウの左岸でも川に沿う地域では樹木林はなく、コケや草地が広がる景観が復元されている。

石器づくりは製作技法の社会的伝統やノルム（規範）に従うが、打製石器の製作自体は比較的短時間で可能である。それに対して周辺に樹木が生育していない環境下では、ヤリの柄に適した樹種の手ごろな原材を手に入れるには相当の苦労があっただろう。わたしたちは当時の人類集団の石器に使う石材獲得活動だけに注目しがちだが、同じように、木材獲得活動のことも忘れずに考えなければならない。

ドナウ川の右岸に人類が進出し、活動の痕跡が遺跡として残されるのは、旧石器時代の終末に近いマグダレニアンの終末になってからで、ごくわずか、ドナウの源流域に現れるだけである。そのころはヴュルム氷河も気候の回復にともなってアルプス北麓からさらに南の高地へ後退しつつあったからである。

ドナウ川上流域のネアンデルタール人

ネアンデルタール人の名の由来

ネアンデルタール人の学名はホモ・ネアンデルターレンシス *Homo neanderthalensis* である。ホモ属のネアンデルターレンシス種を意味する。われわれ現生人類は、ホモ・サピエンス *Homo sapiens* である。つまりホモ属のサピエンス種である。分類学上、ネアンデルタール人とわれわれは同じホモ属であるが種が違うと区分されている。*Homo neanderthalensis* という命名は、アイルランド、クイーンズ大学の地質学者W・キングがイギリス協会で一八六三年に研究発表したことによる。ただ、翌年それを学会誌に印刷するに際し、この化石は人骨ではない、と否定の立場に強く傾いていることを脚注に記している（King 1864）。とはいえ命名が取り消されたわけではないので、こんにちまで当初の分類名は生きている。

長くネアンデルタール人とホモ・サピエンスは進化の段階は違うが連続すると考えられてきた。ところが一九九七年に標識化石のＤＮＡの分析結果、ネアンデルタール人はホモ・サピエンスの祖先ではない、との結果が出て世界に衝撃が走った（Krings, et al. 1997、小野二〇一二）。その後何年かして、さらに核ＤＮＡの遺伝情報の解析が進んで、われわれもネアンデルタール人からの遺伝子を数％引き継いでいることが解明された。とはいえ、ネアンデルタール人は絶滅した。だから現在世界を見渡しても、地球上にはわれわれホモ・サピエンスの一属一種の人類しか生存していないのである。

ドナウの上流域は北に近接してシュヴァーベンの中級山地（シュヴェービッシェ・アルプ）が迫ってドナウ川とほぼ平行している。それは今から約一億五千万年前にさかのぼるジュラ紀後期（マルム期）の大石灰岩地帯である。およそ六〜七千万年前に地殻変動によって隆起してシュヴァーベンの山脈となったのである。そこを貫き、あるいはまた沿って流れるドナウ川の流域にできた洞窟や岩陰を、人類が居住地として、またさまざまな形で利用したあとが、遺跡として残ったのである。激しく屈曲するドナウの源流域に屹立する白い岩肌は、この石灰岩である。

遺跡の分布と集中

ネアンデルタール人の時代は考古学的には中期旧石器時代である。ヨーロッパでは石器製作技法のルヴァロア技法の出現をもって前期旧石器と中期旧石器を分ける。ルヴァロア技法を石器の製作体系にふくむ広義のムステリアン（ムスティエ文化期）を担ったのがネアンデルタール人である。ムステリアンはおよそ三〇万年前から四万年前まで続いた。ルヴァロア技法の名称はパリ郊外にあるルヴァロア・ペレ遺跡に由来する。ムステリアンの名も西南フランスのル・ムスティエ遺跡を標識地としていることに由来する。この技法は石塊から剥片を剥がす技法の一種である。古典的な定義は、剥片を剥がす前に、あらかじめ石核の調整によって準備された特定の剥片を製作するものである（Bordes 1961）。

その後E・ボエダによって、剥片の剥離法だけでなく、石核全体をふくめた剥離方法が整理され、一枚の剥片を剥離する単一ルヴァロア方式と、複数の剥片を剥離する反復ルヴァロア方式の二者が区分された（Boëda 1988）。F・ボルドの古典的な定義はこの区分からすると単一ルヴァロア方式を指すことになる。

ネアンデルタール人の居住域の広がりは、分布の粗密を問わなければ、いまや西はイベリア半島から東はシベリアのアルタイ地方にまで広がっていたことが明らかになった。

では、ドナウの源流から上流域にネアンデルタール人が生活した最古の痕跡は、どこまでさかのぼるのか。およそ一二万五〇〇〇年前にさかのぼる。地質学的にはエーム間氷期（温暖期）で、バイエルン地方の氷河期の区分ではリス氷期とヴュルム氷期の間のリス／

ヴュルム間氷期にあたる。ヨーロッパにおける前期旧石器時代はおよそ九〇万年前から三〇万年前まで続く。だから、この地域では前期旧石器時代と中期旧石器時代の前半期の遺跡は確認されていないのである。

中期旧石器時代の後半以降にネアンデルタール人がこの地域に姿をあらわしたが、この地域はアルプス北麓の氷河がドナウの南側に広がっていたため人類の居住には適さず、中期、後期旧石器時代をとおして、居住の痕跡はドナウ川の左岸（北側）に残されている。特に二つの地域に集中する傾向がある。

そこでは、テュービンゲン大学の考古学研究所を中心に、系統的で精度の高い調査が長年実施されてきたことにより、成果が世界に発信され注目されてきた。集中の一つはウルム市の西約一五km～一八kmにあるアッハ渓谷の遺跡群である。もう一カ所はウルム市の北東約二二km～二六kmにあるローネ渓谷の遺跡群である（図1の1～5番参照）。

アッハ渓谷　ガイセンクレステレ洞窟遺跡とホーレフェルス洞窟遺跡は、ともに後期旧石器時代初頭のオーリナシアン（オーリニャック文化期）の豊富な文化内容で著名であり、後に詳しくふれるが、中期旧石器時代後半のネアンデルタール人の居住の痕跡も確実にある。

リス氷期がはじまるおよそ三〇万年前、ドナウの本流はここアッハ渓谷を流れていた。

しかしリス氷期の中ごろの約二〇万年前には、流路がアッハ渓谷から東南約一二㎞の地点にずれて現在のドナウの本流と同じ場所を流れるようになった。

ガイセンクレステレ洞窟遺跡：切り立った石灰岩塊の壁が屏風(びょうぶ)状に幅約一五〇m広がる南端にある（図7）。現アッハ川からの比高約六〇m、海抜五八五mである。中期旧石

図7　ガイセンクレステレ洞窟遺跡の位置
上：黒線○印の石灰岩の下に遺跡がある　下：西に向かって開口する洞窟（撮影：山岡拓也）

図8　ホーレフェルス洞窟遺跡

器時代の層準は細分されて複数あるが、層の境界は明確ではない。また、放射性炭素年代測定法の限界に近い年代であるため、適切な年代値が得られていない。

サイドスクレーパー、剥片石器の類は発見されているがその数も少なく、ネアンデルタール人が洞窟を利用した痕跡も薄い。シュヴァーベン地方のネアンデルタール人の証拠は中期旧石器時代の終わりころに集中しており、ネアンデルタール人の人口の減少を反映していると見られている。一方後期旧石器時代の初頭をしめすオーリナシアンは、ドナウ川をさかのぼって集団的にこの地に移動してきた。そのため、ネアンデルタール人の後退と新人（ホモ・サピエンス）の侵入と拡散のテーマに多くの論題を提供している。

ホーレフェルス洞窟：ガイセンクレステレ洞窟の南南西二・五㎞に隣接する。ホーレフェルスはドイツ語で「岩壁の穴」を意味する。洞窟はアッハ川に面し、川からの比高はわずか七ｍである（図8）。ただ、当時の渓谷はフラットではなく谷はいまよりも一〇ｍ以上低かった。洞窟の海抜高は五三四ｍである。第二次大戦末期の一九四四年には、洞窟を入ってすぐ左手に、ドイツ空軍第Ｖ空挺団司令部の大砲が据えられていた。

石器は定型的なものはわずかで、サイドスクレーパーやルヴァロア石核が見られる程度である。中期旧石器時代末葉と思われ、四万年以上前の層準であろうと推定されている。両洞窟からはネアンデルタール人の骨は発見されていない。

ローネ渓谷　アッハ渓谷の遺跡群から四〇㎞ほど北東にはなれたローネ渓谷の遺跡の場合はどうだろうか。この渓谷はシュヴァーベン山地の東端にある。石灰岩の泉から流れでた小川でたどる渓谷の長さは約四四㎞。渓谷の現地表はフラットで谷幅は二〇〇ｍ前後。幅広の渓谷の典型である。

中期旧石器時代に関連する著名な遺跡群には、ボックシュタイン洞窟遺跡群、ホーレンシュタイン洞窟遺跡群（図9）、フォーゲルヘルト洞窟遺跡がある（図10）。

ボックシュタインは渓谷の斜面の上部にあって、谷の景観を見下ろす絶好の位置取りである。海抜は四九五ｍ、現在のフラットな谷からは比高一二ｍ付近に中心がある。

図９　ホーレンシュタイン・シュターデル洞窟遺跡（連続する３つの洞窟の一番東端にある）

遺跡群は四カ所の洞窟と四カ所の開地遺跡からなる。小規模な発掘は一九三〇年代からあり、調査経緯は複雑である。調査面積、記録の整備、遺物の出土条件、利用可能な報告書の刊行などの条件を考慮すると、ボックシュタイン・シュミーデ遺跡が最も重要である。

ボックシュタイン・シュミーデ遺跡：一九三〇年代の前半にR・ヴェッツェルは四回の試掘をおこなった。中期旧石器時代の層が厚く、遺物の量も大量である。最下層のＢＳⅠとＢＳⅡは中期旧石器の層準であるが石器は極めて少ない。その上を覆うＢＳⅢ層が遺物の量も多く定型的でないものをふ

図10　フォーゲルヘルト洞窟遺跡

くめ石器が約三〇〇〇点発見された。そのうち定型的な石器は五〇〇点を占める。石核二一、剥片九一八、石屑(いしくず)一〇〇〇点以上である(Bosinski 1969)。

完成形態の石器が総量の二割近くと多くを占めるのは、シュヴァーベン地方では珍しい。そのうちの多くが両面加工の石器である。ネアンデルタール人といえばルヴァロア技法が取りあげられるが、この剥片剥離技法だけで占められていたのではない。

特に中期旧石器時代の後半の中部ヨーロッパでは、両面加工の楔形(くさびがた)のナイフを意味するカイルメッサーが顕著にともなう(イェリス二〇一四)。この石器の平面形はハンドアックスと異なり、左右非対称形である。断面形は三角形ないし楔形である。つまり断面形

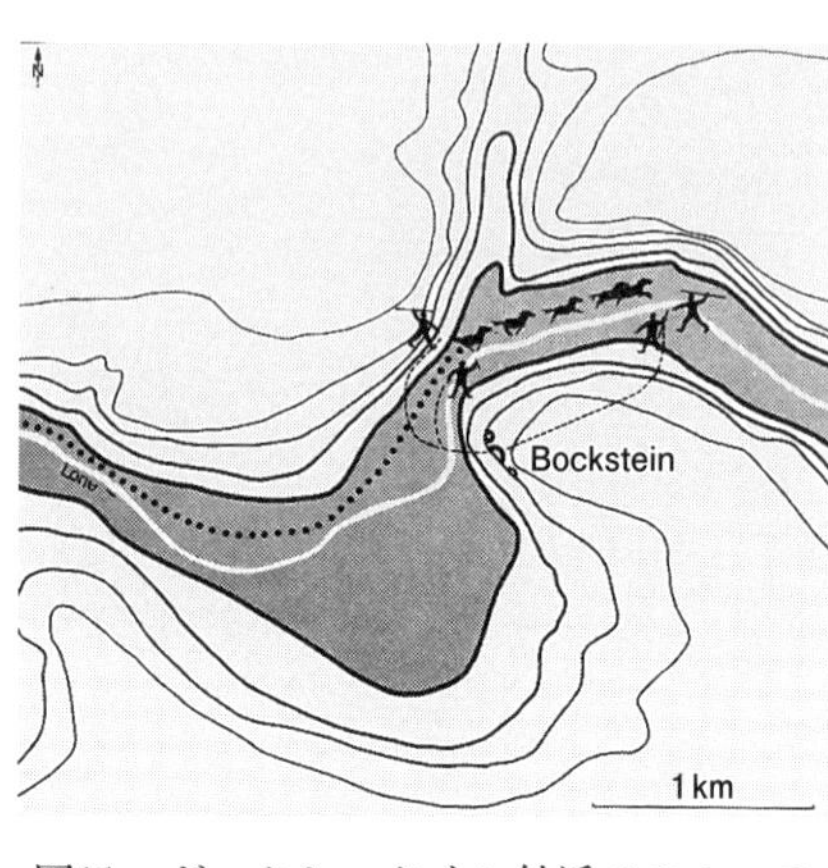

図11　ボックシュタイン付近でのウマの狩猟の想定（Müller-Beck <Hrsg.> 1983）

と平面形から特徴をとらえたカイル（楔）・メッサー（ナイフ）である。ボックシュタインのカイルメッサーは、さまざまな型の中の「ボックシュタイン型」として知られている。

石器に使われた石材は周辺の七㎞以内から採取され、在地の角岩（ホルンシュタイン）が使われた。材質はフリント（火打ち石）に酷似する。ここでの狩猟対象はウマが主体を占め、トナカイ、ウシ、バイソンが続く。

周辺の植生は、BSⅢ層の炭化した樹木片の分析から、カエデ、ナラ、カバノキ、ハシバミが同定され、まばらな樹林で光の入りやすい森の景観だったと推定されている（Conard, et al. 2015）。亜寒帯の森林ステップの景観の中で、動物の動きを観察する地点として、また狩猟と解体の場としても最適の場所であった（図11）。

ボックシュタインから東に回り込んで、ローネの小川に沿って二㎞も下ると、ホーレンシュタイン洞窟群がある。三つの洞窟が接近して並んでいる。ホーレンシュタインとは

「穴の開いた岩」というような意味である。西からホーレンシュタイン・ベーレンヘーレ（熊穴）、ホーレンシュタイン・ショイアー（納屋）、ホーレンシュタイン・シュターデル（物置小屋）である。いつの頃かはわからないが後世の人にとって洞窟がどう使われたかがわかるような名が付いている。

ホーレンシュタイン・シュターデル遺跡：洞窟開口部の幅八ｍ、高さ五ｍ、奥行きは六九ｍである。一九三七年に洞窟入り口付近で中期旧石器の後半の層準から、人の右大腿骨の骨幹部が一点発見された。シュヴァーベン地方だけでなく南ドイツで唯一のネアンデルタール人骨片である。この骨から身長一六〇㎝の成人であろうと推定されている。

石器は中期旧石器の層準全体で一三五八点出土したとされ、石材の多くは在地のジュラ系角岩である。まれに石英、珪岩、それに微粒で均質な珪質岩である放散虫岩（ラディオラライト）がある。石器の多くは剥片であるが、完成形態がわかる石器にはスクレーパー、石核、尖頭器（せんとうき）、石刃（せきじん）、そしてごくまれに両面加工の石器が加わる。石器の剥離はルヴァロア技法が支配的である（Beck 1999）。

フォーゲルヘルト遺跡：ホーレンシュタインの洞窟からローネの小川に沿って二㎞下ると、南ドイツ全体の中期旧石器時代から後期旧石器時代末までの編年の基準となっているフォーゲルヘルト洞窟が右岸にみえる。渓谷からの比高一八ｍで、洞窟内の面積は約一七

○㎡である。天井までの高さは一番高いところで約三～四m。入口は二つあるいわゆるトンネル洞窟である。

一九三一年にテューービンゲン大学のG・リークによって、七月五日から一〇月一日まで当時としては大規模な発掘がおこなわれた。最下層のⅨ層からⅧ・Ⅶ・Ⅵ層までが中期旧石器時代、Ⅴ・Ⅳ層は後期旧関時代初頭のオーリナシアン、Ⅲ・Ⅱ層が後期旧石器時代後半のマグダレニアン（マドレーヌ文化期）の文化層である。後期旧石器時代中期のグラヴェッティアン（グラヴェット文化期）の遺物が欠けている。最終氷期のヴュルム氷期最盛期で酷寒のためか、人類集団の居住の痕跡はない（Riek 1934）。

最下層のⅨ層からは石器が六点発見されただけである。しかしこの層でアンティクウスゾウ（*Palaeoloxodon antiquus*）の臼歯が一点発見されている。このゾウは温暖期をしめす動物相の指標であるので、Ⅸ層はリス／ヴュルム間氷期（エーム温暖期）にあたり、フォーゲルヘルトに人類が居住したのは少なくともいまから一一万五〇〇〇年前にさかのぼる。

中期旧石器時代の遺物の内容をよく反映するのはⅧ層とⅦ層である。多くの剥片とともにスクレーパー、尖頭器、カイルメッサー、ハンドアックスなどで特徴づけられる。

Ⅵ層はムステリアンの末葉と位置付けられるが、ここからは磨製の骨製尖頭器が一点発見されている。詳細に観察すると、骨表面の器体の下半分には幅二㎜程度のごく浅い溝状の削り痕跡がみとめられる。器体の上半部はさらに細かな削りで平滑になる。後期旧石器時代に特徴的な磨製骨器と全く同じではなく、一部に丁寧な削り調整が残る点が、打製骨器から磨製骨器への移行をしめす中期旧石器末葉の様相として示唆的である（小野二〇〇一）。

西南ドイツ全体をみても、中期旧石器時代の遺物の編年と動物相の変遷の対応がわかる遺跡はフォーゲルヘルトを除いてほかにはないので、基準遺跡の地位は揺るがない。ただ、編年表にしてしまうと表現できないが、Ⅸ層からⅥ層までの中期旧石器の遺物の洞窟内における分布は非常に限定された広がりをもっているに過ぎない（Müller-Beck 1983）。これは、後期旧石器時代初頭のオーリナシアンの第Ⅴ層の遺物が質量ともに圧倒的な文化内容をしめすのと対照的である。

ヴァインベルク洞窟遺跡

遺跡が集中するアッハ渓谷とローネ渓谷をみたが、ドナウ流域の中期旧石器時代遺跡として最後にヴァインベルク洞窟を加えておこう。ローネ渓谷から南に約一二㎞の地点に、ギュンツ川がドナウ川に合流するギュンツブルクの町がある。ここからドナウ川の流れに沿って約七二㎞下ると、左岸のマウエルン村にヴァインベルク（ワインの山）洞窟遺跡がある。海抜四三〇ｍ。

一九三七年にＡ・ボーマース、一九四七～四九年にＬ・ツォッツにより発掘がおこなわれたが、一九六七年にH・ミュラー＝ベックとW・フォン・ケーニヒスヴァルトによる再調査で以前の発掘層準との対応がつけられ、下層から順に5・4・3・2・1の五枚のゾーン（文化層）が確認され、ゾーン5が中期旧石器時代の「中部ヨーロッパ・ミコッキアン」、ゾーン4が中期旧石器末の「アルトミュール文化」にあたる。つまり、ゾーン5はカイルメッサー・グループ、ゾーン4はいわゆる木葉形（もくようけい）尖頭器のグループにあたる。

ゾーン3には遺物が発見されず、ゾーン2は後期旧石器の石器はあるが僅少である。ゾーン1は、チェコなどの中部ヨーロッパの東部に分布の中心がある後期旧石器時代中頃の「パヴロフ文化」に対応することがわかった。

ゾーン5と4の石器など遺物の残り方の状況からすると、中期旧石器時代におけるこの洞窟は、常時ではなく時に応じて利用される形だったろうと推定されている（Koenigswald, et al. 1974）。

いくつかの特徴

ドナウ上流域のネアンデルタール人の遺跡をみたが、遺跡ごとに変異がある一方、この地域の共通の様相も浮かびあがってくる。シュヴァーベン地方の中期旧石器時代の遺跡立地、広がりの利用、居住の度合いなどを広く調査した、N・コナードほかのまとめを参考に、いくつか視点を加えて要約しておこう（Conard, et al. 2012）。

気候や自然環境との関係で、ネアンデルタールの人びとは、ヴュルム氷期のステップ的な環境とそれよりもやや良好な環境条件のもとに適応的に生活していた。

動物相は遺跡に残された骨・角・牙などを調べればすぐに実相が理解できると考えるのは間違いである。洞窟に残された動物の遺存体は周辺での狩猟活動によってもたらされた場合、比較的遠隔地から大形動物のある部分が搬入された場合、また特に小動物など洞窟に入り込んで自然死した残存である場合などがあるので、慎重な分析が必要である。

それを前提に、遺跡ごとの変異を平均的にみると、大型動物の狩猟のおもな対象はウマ、トナカイである。コナードらのまとめでは、これに加えて注目すべき遺物としてアルプスアイベックス（*Capra ibex*）を記している。アルプスアイベックスは体高一m、体重一二〇kg前後で、うしろに強く反った角の長さは一mにおよぶ（図27参照）。森林限界の直上の高地が生息域で、森林限界よりも下方にはほとんど下りない生態である。

道具はどうか。シュヴァーベン・ムステリアンと総称されるが、編年的にはカイルメッサー（断面楔形ナイフ）グループとブラットシュピッツェン（木葉形尖頭器）グループの前・後に分けられる。有機質の道具として磨製の尖頭器もあるが、ネアンデルタール人の骨器の基本は打製の骨器で、磨製は例外的である。ムステリアン終末期における磨製への移行期の様相だろう。石器用石材は主に在地のジュラ系のチャートと角岩である。石器群の六五～九〇％が周辺三㎞以内から調達された。四㎞以上二〇㎞以内からは全体の五％以内であろうといわれている。

遺物の出土密度が低いのは、一貫して全体に人口密度が低く、社会は血縁による小規模集団単位で頻繁に移動を繰り返していたと考えられる。洞窟内に埋葬の証拠がないこともこれを傍証しているかのようである。さらに言えば、この地域の洞窟遺跡の状況は、大きな集団を形成して長期間滞在することはほとんどなかったことを物語っているようだ。洞窟は冬から春にかけて、一年の内の寒い時期に使われた。

石器の多様な型式形態学的な特徴と、こうした行動のパターンには密接な関係があるのだろうか。否である。石器の製作技術的伝統に現れる強い個性と、行動の共通的なパターンとは相互に独立した関係にあったようだ。

ネアンデルタールの人びとは、強固な血縁関係の社会ユニットの中にあって、交流は人と人の直接的な面接交流が基本で、何か象徴的な情報の恒常的な利用によってコミュニケーションを図ってはいなかったようだ。ネアンデルタール人がシンボリックな道具や何らかの彫像などを製作しなかった理由もこのあたりに求められそうである。

中期旧石器時代、ムステリアンの終末を境に、ネアンデルタールの人びとは、ここシュヴァーベンの山々、ドナウ川上流域から姿を消し、さらに西の方に移動していったようだ。

ボックシュタイン洞窟付近の高台をはじめ海抜六〇〇m前後の高い場所から眺めるとき、ドナウ川の右岸、南数十㎞先に広がる氷河の輝きは、去りゆくネアンデルタール人たちの目にも映っていたに違いない。

新人（ホモ・サピエンス）の出現

交替の様相

ドナウ川の上流域全体で、ネアンデルタールの集団とホモ・サピエンスの集団はどんな関係になっていたのだろうか。洞窟遺跡の堆積層中に、中期旧石器時代と後期旧石器時代の文化層がどのような関係で残されていたのかを訪ねるのが最も確実である。結論から先にいえば、文化的に連続していない。断絶がある。

紹介してきた鍵になる遺跡の例で見よう。アッハ渓谷のガイセンクレステレとホーレフェルスの両洞窟ではともに、中期旧石器（ムステリアン）と後期旧石器初頭（オーリナシアン）の両文化層の間には無遺物層が一枚あって、人が居住した痕跡はない。ローネ渓谷のボックシュタイン・シュミーデでは中期旧石器のカイルメッサーの文化層の上に後期旧石器時代の文化層の堆積がある。しかし石器群が共存した証拠はなく截然と分かれる。

ホーレンシュタイン・シュターデル洞窟では、ムステリアンの層の上にオーリナシアンの層があるが、明確に分かれ、補正された放射性炭素年代はそれぞれ四万三一〇三～四万四五五五年前と三万九四二一～四万一一〇五年前であり、層序としては連続するがその間に二〇〇〇年から最大で七〇〇〇年近い間隙がある。

フォーゲルヘルト洞窟でもムステリアンの終末の文化層の上にオーリナシアンの層が堆積しているが、遺物は出土遺物の質と量と特徴の違いで明快に分離できる。

最後にバイエルン州のヴァインベルク洞窟の例では、中期旧石器時代のアルトミュールグループの両面加工の木葉形尖頭器の文化層の直上を覆う層は、無遺物層である。その上に後期旧石器時代の遺物をわずかに包含する層があり、さらにその上の層は後期旧石器時代中期の、東ヨーロッパに中心があるパヴロフ文化である。

以上のように不連続であり、ドナウ上流域のシュヴァーベン地方ではネアンデルタール人の集団とホモ・サピエンスの集団は、直接顔を合わせることはなかっただろうといわれている。ネアンデルタール人とホモ・サピエンスの交替と表現できるが、その内容は何だろうか。

ドナウ川をさかのぼる

アフリカの北東部から拡散したホモ・サピエンスの集団は、アラビア半島を経てインド経由で南に拡散したグループと、イラン、カザフスタンなどいくつかのルートを経てシベリアのアルタイ山地などに拡散したグループ、さらに西にはバルカン半島やドナウ川に沿ってさかのぼり中部ヨーロッパに拡散したグループがある。シュヴァーベン地方に到達したのは、ドナウ川に沿ってさかのぼってきた、いわばドナウ回廊を通った集団である。氷期といえども夏は広い川幅の右岸と左岸を行き来することはむずかしく、交通の障害となる。しかし、氷期の厳冬に川面が凍結すればこんにちでいうハイウェイに変貌する。

ヨーロッパ全体をみると、ハインリヒ・イヴェント5（HE5）のスパイク状の急激な寒冷化が契機となってネアンデルタールの集団は人口を減らし、気候が回復した四万七〇〇〇年前以降にはヨーロッパに初めてホモ・サピエンスが拡散移動してきたといわれている（佐野・大森二〇一五）。ハインリヒ・イヴェントとは、最終氷期の北大西洋に大量に氷山が流れ出たことによって海水が冷やされ、急激で大規模な寒冷現象が起きたことをいう。一九八八年にH・ハインリヒによってこの現象が発見されたのでその名がついている。およそ七万年前から一万四〇〇〇年前までのあいだに六回（古い順にHE6〜HE1）繰り返された。

西アジアからヨーロッパ各地にホモ・サピエンスが拡散する現象は、各地の発掘調査の進捗に応じてさまざまな仮説で説明され、修正されてきた。ドナウ上流のアッハ渓谷とローネ渓谷におけるオーリナシアンのホモ・サピエンスの生活世界は特筆に値する。

「文化ポンプモデル仮説」

残された遺物量の膨大さ、石器製作技術の革新、磨製骨器の成立と拡散、豊富な装身具や装飾品、象徴性のある遺物、動物の小彫像、女性をかたどった小彫像、人と動物を合体させた大小の彫像、異なる素材で作成された多数のフルート（楽器）など、豊富な文化的複合が多様に展開した。

アッハ渓谷の鍵になる遺跡であるガイセンクレステレ洞窟のオーリナシアンの層準（AHⅢ）の放射性炭素年代は、測定値を実際の年代に近づけるプログラムで較正した年代で四万三〇〇〇～四万一〇〇〇年前である（Higham, et al. 2012）。同じくホーレフェルス洞窟でもオーリナシアンの最古の層準は約四万三〇〇〇年前である。ドナウ川に沿って移住拡散してきたホモ・サピエンスの集団がここドナウ上流のシュヴァーベン地方に到達した年代が他のヨーロッパの地域に比較して予想外に古い。それは膨大な数の放射性炭素年代によって支えられ安定した年代値を表現している。

そのため、テュービンゲン大学のＮ・Ｊ・コナード教授たちのグループは、シュヴァーベン地方をふくむドナウ上流域は、後期旧石器時代初頭の文化的革新が生みだされた中心的な鍵になる地域としてとらえ、「文化ポンプ *Kulturpumpe* モデル」と名付けた作業仮説を提起した（Conard 2002, Conard and Bolus 2003）。この作業仮説がだされてもう五年か六年も経ったころだろうか、コナードはあるときわたしに「文化ポンプモデルを提起したけれども、調査の進展によって、あの仮説はまもなくダメになると思っていたんだ。ところが仮説が潰れるような状況は、いまだにないんだよな……」とつぶやいていた。

確かにそのとおりである。その後の調査の著しい進捗によって仮説は反証されるどころか、追証され支持される新たな成果が積みあがっている。ホモ・サピエンスが後期旧石器時代の初頭のオーリナシアンとそれ以降に何を成し遂げたか、その実相に分け入ってみよう。

技術の複合的な革新

全体の様相

広義のオーリナシアンの分布は、西はイベリア半島の海岸部、北はイングランドの南部、東はロシア西部のドン川流域、南はイタリア、ギリシャ、トルコの西部からレバノン、シリアまで到達する。シュヴァーベン地方でも石刃石器群の成立、骨・角・牙・象牙製の動物の小彫像・女性を表現した小彫像（いわゆるヴィーナス）・芸術品・楽器などが突然出現する。

以下、後期旧石器時代の文化内容は豊富で複雑でもあるので、アッハ渓谷とローネ渓谷における遺跡ごとの遺物の特徴は、石器を中心に要約する。その後で、装飾品、小彫像など象徴性の高い道具類、楽器などをテーマに、個々の遺跡を横断するいわば横糸として特徴を立体的に復元してみたい。

オーリナシアンに後続するグラヴェッティアンも分布域はオーリナシアンのそれと同様に広域に分布するが、女性をかたどった小影像はこの時期に特に集中する全体的な特徴である。ここシュヴァーベン地方では約三万四〇〇〇年前から三万年前のことである。石器などの特徴は異なるが層位的には連続している。極端に寒冷であったため、グラヴェッティアンの文化層がなく、人が居住していなかったところも多い。また中部ヨーロッパ全体に特に最終氷期（ヴュルム氷期）の最盛期には人口は激減して、西はピレネーを越えてイベリア半島、東はカルパティア山地を越えてウクライナのクリミア半島付近まで集団的に移動して避寒適応をはたし、後期旧石器時代後半のマグダレニアンに再度中部ヨーロッパに回帰してくるというシナリオが有力である。

マグダレニアンは、ここシュヴァーベンでは、オーリナシアン、グラヴェッティアンに比して縮小した様相をしめしている。

ガイセンクレステレ遺跡

先にふれたように、中期旧石器時代末と後期旧石器時代初頭オーリナシアンの間には遺跡の堆積層に無遺物の間層があるので、ホモ・サピエンスは無人の空間に入ってきたことになる。AHⅢ層（考古層位第三層の意）は最初のオーリナシアンの人びとが残した痕跡で四万三〇〇〇年前から四万一〇〇〇年前にさかのぼる。AHⅡ層も四万年前から三万八〇〇〇年前であり、遺物が集中し長期の滞在の証拠を残している。

石器はオーリナシアンに特徴的なノーズドスクレーパー、ドゥフール形小石刃、各種彫刻刀形石器などがすでにある（図12）。石器以外では、ハクチョウの骨製のフルートと、象牙製のフルートがそれぞれ一本ずつ計二本発見されたのもこの層である。さらに象牙製の動物の小彫像、象牙製のビーズ、基部が燕尾形に二つに割れたように加工した骨製の尖頭器（ヤリ先）なども加わる。

グラヴェッティアンになると、石器では小形のグラヴェット型尖頭器、背付き尖頭器（日本ではナイフ形石器と呼ばれている）、エンドスクレーパー、彫刻刀形石器が特徴的である。石器のほかは、象牙の装飾品ペンダント、骨製の針、角製の尖頭器などがある。大形哺乳動物を模したさまざまな小彫像や女性を表現した彫像などは、オーリナシアンに集中しているがグラヴェッティアンにはこの遺跡ではともなっていない。

オーリナシアン、グラヴェッティアンの層で発見された動物化石を見ると、オーリナシアンにはケサイがいるが、グラヴェッティアンにはいない。ケサイとは文字通り体全体が毛に覆われたサイのことで、旧石器時代の洞窟絵画に見ることができる。シベリアのサハ共和国では永久凍土の中から毛に覆われたケサイの遺体が発見されている。その他はあまり変化なく、全体的に寒冷期を代表するマンモスとトナカイがいる。洞窟で発見された動

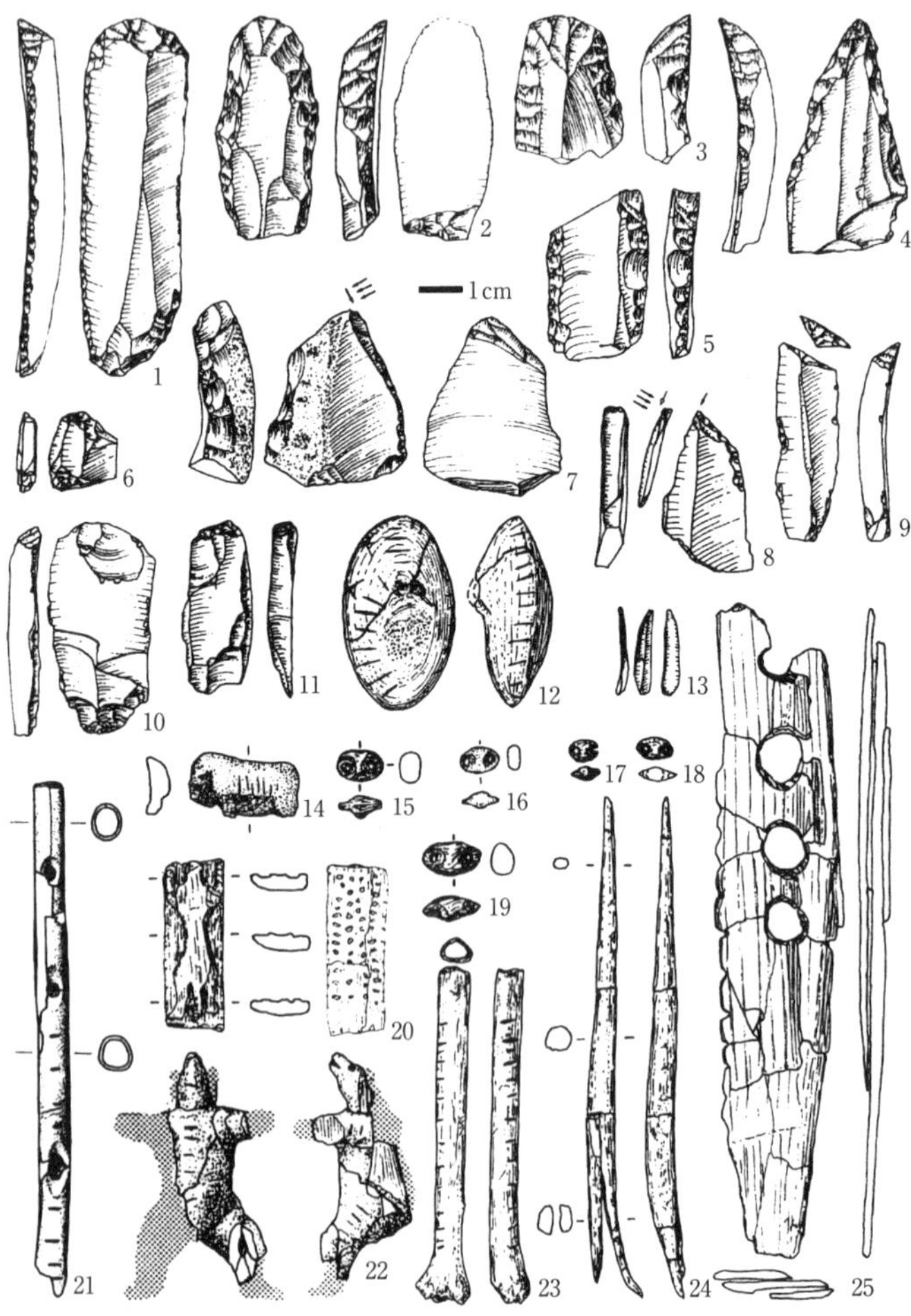
1cm
1
2
3
4
5
6
7
8
9
10
11
12
13
14
15
16
17
18
19
20
21
22
23
24
25

図12　ガイセンクレステレ洞窟遺跡オーリナシアンの代表的遺物（Conard, Bolus 2003）

1－3掻器，4尖頭石刃，5側縁二次加工の石刃，6・10・11上下両端が二次的に割れた剥片（クサビ形石器），7調整された彫器，8面取りされた彫器，9面取りされた石刃，12角素材のペンダント，13ドゥフール形小石刃，14・20・22象牙製小彫像，15–19象牙製ビーズ，21ハクチョウの橈骨製のフルート，23刻み痕跡のある骨，24燕尾形磨製尖頭器，25象牙製有孔薄板

物化石は、そのまま当時の自然状態の反映ではなく、人類の選択的狩猟活動を強く反映している。

マンモス、ケサイ、ウマ、トナカイ、アルプスアイベックスなどは、狩猟した後、解体してパーツに分けて居住の洞窟まで運んだと思われる。アッハ川からガイセンクレステレ洞窟に至る急峻な小径の移動を、動物のかわりに重いザックを背負って追体験してみると、比高はわずか六〇ｍに過ぎないが、部位ごとに分割して背負って運んだに違いない、と実感する。

現在アルプスアイベックスは森林と草地の境界線、つまり森林限界付近の山岳の高地に生息している。だから氷期でたとえ雪線高度と森林限界が下がっていたとしても、ガイセンクレステレよりも高地の遠方に生息していたに違いない、と思うのは大間違いである。更新世末、最終氷期（ヴュルム氷期）の終わるころは森林限界と草地（ステップ状）と雪線の高度が一致する点は海抜八〇〇ｍから九〇〇ｍ前後まで低くなっていたようだ（Veit 2002）。しかし最終氷期の最盛期やそれよりも少し前のオーリナシアン期には山岳地にはそもそも森林もなけれ

ば草地もなく、ドナウの右岸近くまで氷床の先端が張り出していた。フランスでもドイツでも洞窟遺跡からアルプスアイベックスの姿を線刻した動物の骨がしばしば発見される。このころのアルプスアイベックスの生息域と生態に関する情報はないが、洞窟からはそれほど遠くないドナウ左岸の狩猟活動の範囲内に生息していた可能性が高かったのではないか。比較的近い地点で狩猟し、解体後必要な部分を洞窟まで運んだと理解しなければ、アルプスアイベックスの骨がそこで発見される背景は理解できない。

ガイセンクレステレ洞窟でも後期旧石器時代後半のマグダレニアンの石器は発見されているが、量的にも少ない。また報告や記載もあまり目にふれることがなく不明の部分が多い。

ホーレフェルス遺跡

この洞窟はガイセンクレステレ洞窟から南南西二・五㎞の場所に隣接する。洞窟入り口の高さ七m。入口から奥へ約二九mの間はトンネル状の構造だが、その先は登り斜面になって大ホール状の空間があり、その広さは約五〇〇㎡、空間の体積は約六〇〇〇㎥におよぶ。石灰岩洞窟の多様な構造の特徴である。

ホーレフェルス遺跡でも中期旧石器時代と後期旧石器時代初頭のオーリナシアンの層の間に間層があり人類の居住の痕跡はない。ホモ・サピエンスがここに到達した時、ネアンデルタール人はすでに立ち去っていた。

オーリナシアンの石器は合計六万一〇〇〇点以上発見され、その内一㎝以上の大きさの石器は一万八五〇〇点である（図13）。特に成形された石刃、掻器、さまざまな彫刻刀形石器、先頭石刃、オーリナシアン特有の二次加工のある石刃、ドリル、舟底形掻器があり、石刃石核は一方向からの剝離である。

石器以外では、象牙、牙、骨製の遺物の保存状態が良く、さまざまな遺物が残っていた。狩猟具ではマンモスの牙製で基部を燕尾形にした槍先がある。オーリナシアン最下層のVb層で発見された女性小彫像（いわゆるヴィーナス）は世界でも最古の例である（図19）。また、その近くでシロエリハゲワシの橈骨（前腕にある管状の長骨の一つ）を利用したフルートは、ほぼ完全な形をたもって発見された（図21）。さらにマンモスの牙製のフルートの小さな断片も発見されている。

動物相ではホラアナグマの骨が多く、また特にオーリナシアンにはマンモス、ノウマ、トナカイが狩猟された。水鳥や魚も狩猟・捕獲の対象であった。

続くグラヴェッティアンの石器は合計三万点以上発見され、大きさ一㎝以上の石器が約一万二〇〇〇点である。内訳はグラヴェッティアン特有の槍先形尖頭器、グラヴェッティアンに典型的ではあるが中部ヨーロッパでは非常にまれなフォン・ロベール型尖頭器が二点ある。背潰しの二次加工のある石器、基部二次加工の石器は大量である。そのほかに

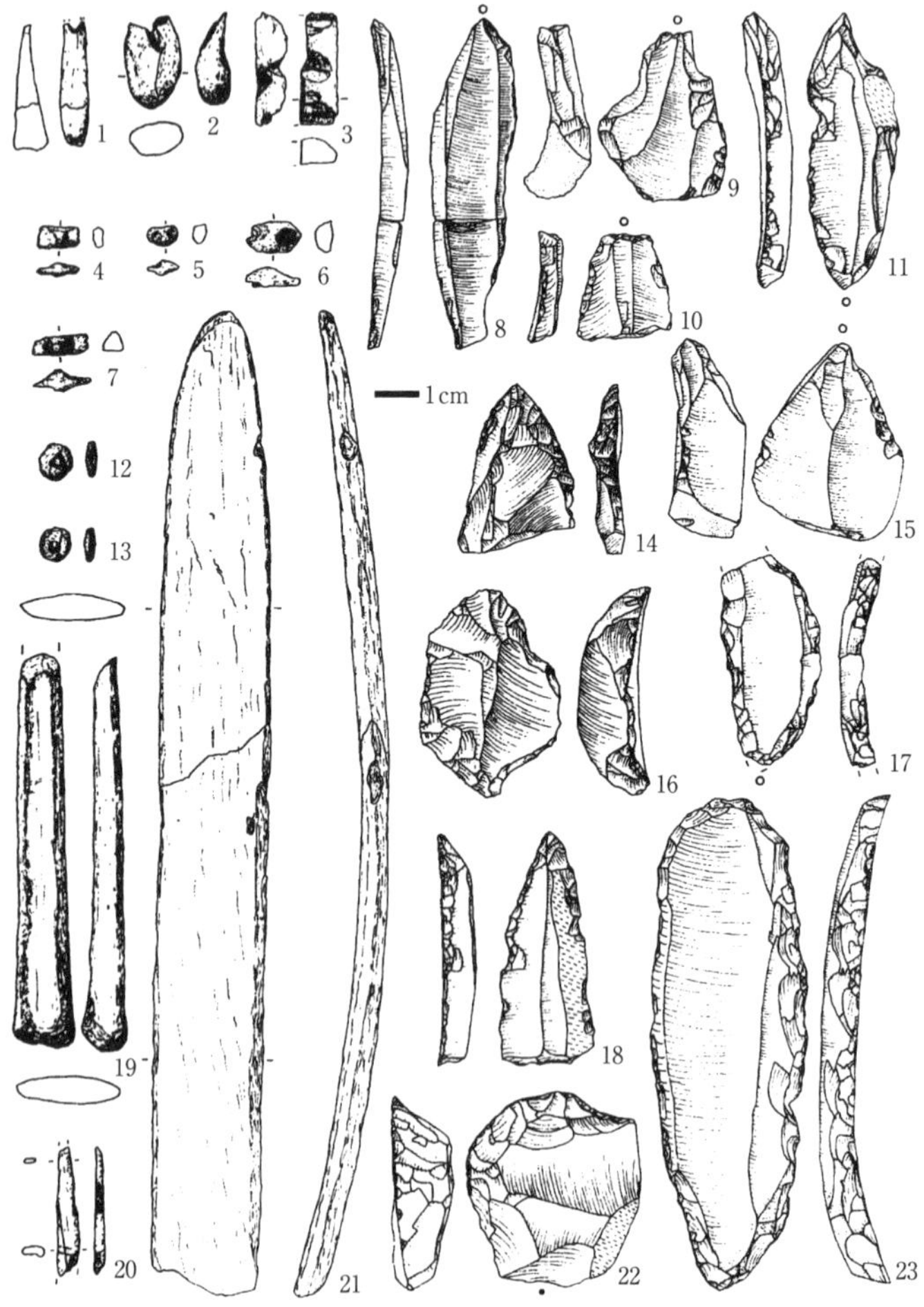
1
2
3
4
5
6
7
8
9
10
11
12
13
14
15
16
17
18
19
20
21
22
23
1cm

図13　ホーレフェルス洞窟遺跡オーリナシアンの代表的遺物
(Conard, Bolus 2003)
1孔をあけたクマの門歯，2孔をあけたアカシカの犬歯，3製作途中の象牙製ビーズ，4作りかけのビーズ，5－7二つの孔をあけた象牙製ビーズ，8・9彫器，10横に面取りされた石刃，11調整された彫器，12・13丸形の象牙製ビーズ，14尖頭石刃，15竜骨形彫器，16上下両端を屈曲させた掻器，17オーリナシアン特有の二次加工を加えた石刃，18基部平坦加工の先頭石刃，19入念に研磨された骨製の突き錐（先端部欠損），20骨製尖頭器の断片，21加工痕のあるマンモスの肋骨，22鼻状の高まりを作り出した掻器，23基部を尖らせた掻器

様々な形態の彫器、掻器、ドリルが発見された。

骨角器はグラヴェッティアンには盛んに作られ発達した。マンモスの肋骨製の槍先は多数作られた。マンモスの牙は特に雨垂れの形状をした装飾品の製作に供された。だが、骨角器の全体を見るとトナカイの角・骨とノウマの骨が主流である。

マグダレニアンの石器は約二万五〇〇〇点で、一cm以上の大きさの石器は九八一〇点である。そのうち定型的な石器は約一二〇〇点であり、一三〇点の石核をともなう。石器の半数近くは石刃や小形の石刃から作られた背潰しの二次加工を施したもので、その中には背付きナイフや背付き尖頭器がある。

石器以外では、骨製の銛や角製の尖頭器がある。大西洋や地中海産の貝類もある。また、顔料の素材として使われた赤鉄鉱も出土している。円形の列点を二列に連ねた採色礫の破片も八点発見された。ホーレフェルスのマグダレニアンは年代的にはおよそ一万二五〇〇～一万三〇〇〇年前にさかのぼる。

石器の遺跡間接合

一遺跡内の比較的狭い範囲の中で石器と石器が接合する例の分析から、石器の製作、運搬、移動、回帰など、さまざまな人間の行動が復元されている。これは今では世界の旧石器時代研究では研究報告のスタンダードとして定着している。ところが遺跡間の石器の接合となると、作業は格段にむずかしく、接合事例の発見はまれである。

日本でも二㎞離れた遺跡間で石器が接合した事例はあるが、ここシュヴァーベン地方ではどうか。ジュラ系の角岩やチャート、フリント系の類似した石材で数万点出土している石器および剥片の類を遺跡間で接合の作業を試みるのは容易でなく、ここアッハ渓谷とローネ渓谷のオーリナシアン、マグダレニアンにも遺跡間で石器が接合する可能性は大いにあるのだがその実例を知らない。いままでに知られているのはグラヴェッティアンの事例である。

アッハ渓谷にある、ホーレフェルス、ガイセンクレステレ、ブリレンの三つの洞窟遺跡の間で一二点以上の石器の接合例が確認された。石刃、剥片どうしの二点接合が主であるが、中には二つの彫器がお互いに接合した例もある。石器が接合するということは三つの洞窟遺跡の同時性をしめす。しかし、どの程度の同時性だったのか、それを残したのは単一の集団かそれとも複数の集団が介在したのかなどを問うと、たちまち複雑なケースが可能性として浮かびあがる。

この問題に取り組んだアン・シーアは次のようなケースが考えられると列挙した(Scheer 1993)。まず(1)高い同時性と(2)ゆるく限定された同時性に分けられる(図14)。そして、

1a：単一の小集団Aが時を同じくして二つかあるいはそれ以上の洞窟を利用した場合。

1b：単一の大きな集団Aが二つに分かれて洞窟に居住し、短期間に往復した場合。

1c：単一の大きな集団Aのベースキャンプがどこかにあって、二つの洞窟を交互に利用した場合。

1d：AとBの異なる集団が相互に接触を持っていた場合。

2a：単一の小集団Aが二つあるいはそれ以上の洞窟を、居住期間の間の話ではあるが、比較的長いスパンをおいて交互に利用した場合。

2b：単一あるいは複数集団Bが、先居の集団Aの残した素材を別の洞窟に運び込んで、石器を製作した場合。

2c：長い時間の経過の後、次の集団Bが洞窟内を掘って石器素材を手に入れて、それを別の洞窟に運んでそこで石器を製作した場合。

これら七つのケースは思考の操作による屁理屈ではなく、いずれも考え得るシナリオで

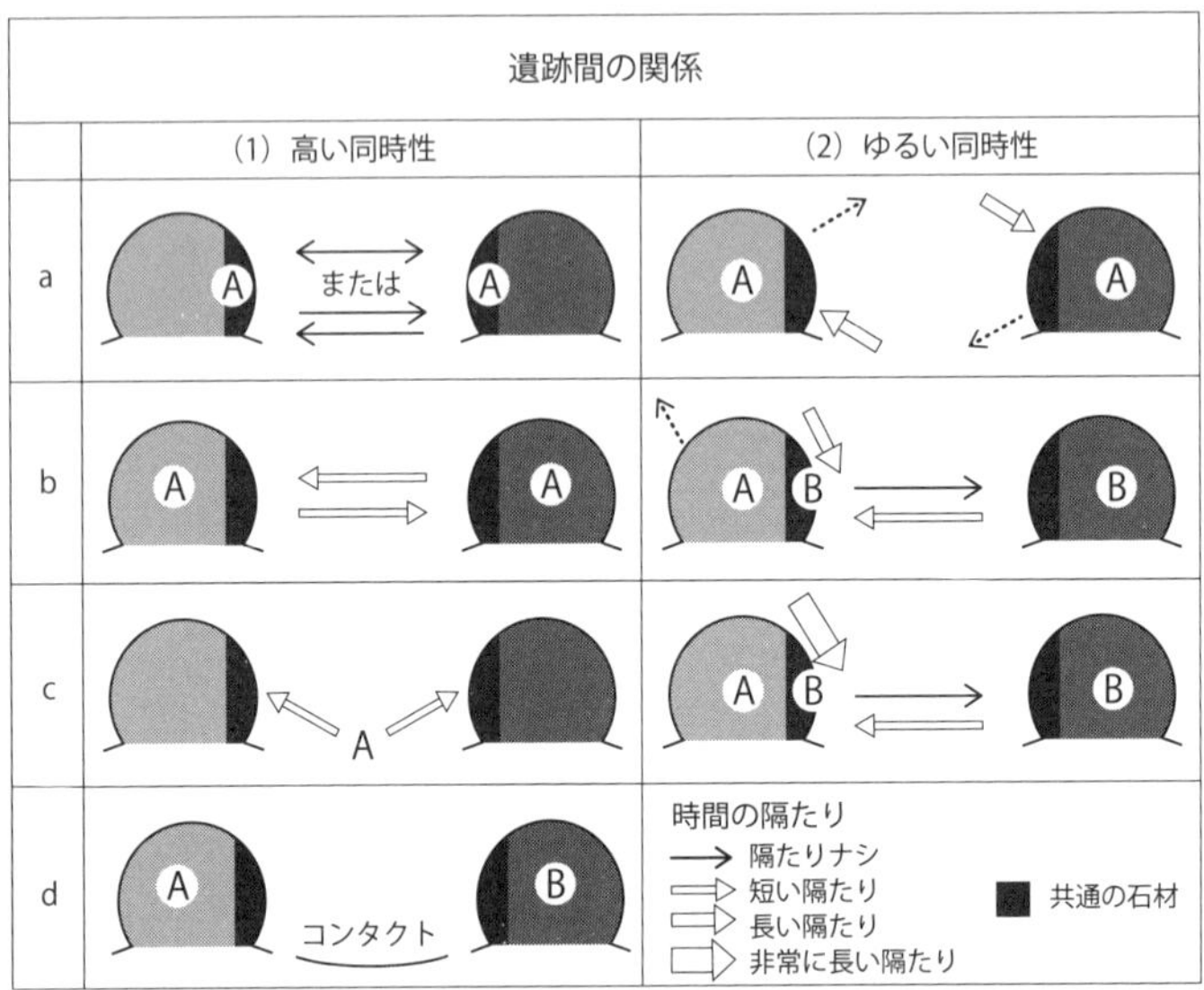

図14　石器の遺跡間接合と居住の同時性・居住のパターン・集団関係（Scheer 1993）

ある。どちらかの解釈に収斂させる根拠がなかなか得られないので、不可知論に落ち込みそうになる。

テュービンゲン大学の同僚のミヒャエル・ボルス教授に聞いてみたところ、その後、当該の遺跡間接合の石器資料はさらに若干増えたとのことである。といってすぐに七つの可能性のどれかに絞られるわけではない。話を具体的に詰められなくても、グラヴェッティアンの三つの洞窟の広義の同時性は確実にたどれる。そこには七つのストーリーの可能性が指摘可能で、石器製作と石器あるいは石器素材の遺跡間の運搬、長短さまざまな時間の間隔をふくむ、活発な集団の移動と近隣集団との関係などを読み取ることができる。沈黙する考古資料を相手にする場合、勝手な解釈は許されないが、この大枠の理解は誰もが認めるところである。

ホーレンシュタイン・シュターデル遺跡

中期旧石器時代に比べ、後期旧石器時代初頭オーリナシアンの石器はむしろ少ない。六八の石器（彫器、基部加工石器、ドリル、石刃石核、刃部厚形のスクレーパー＝細石核など）と二五二点の剥片があるだけだ。その他に四点の骨製の槍先がある。

一九三九年にR・ヴェッツェルによって発掘されバラバラの破片の状態になっていた大量の象牙の資料を、一九六九年にJ・ハーンが整理した。頭がライオンで体が人間の男性を表現した「人・獣合体」の影像に復元し、世間に衝撃をあたえた。そのため遺跡の名は広く知られるようになった。このオーリナシアンのライオンマンについては次節で再度ふれる。

オーリナシアンに後続するグラヴェッティアンの文化層はこの洞窟にはない。またそれに後続するマグダレニアンは洞窟の開口部で認められるが堆積層は薄い。

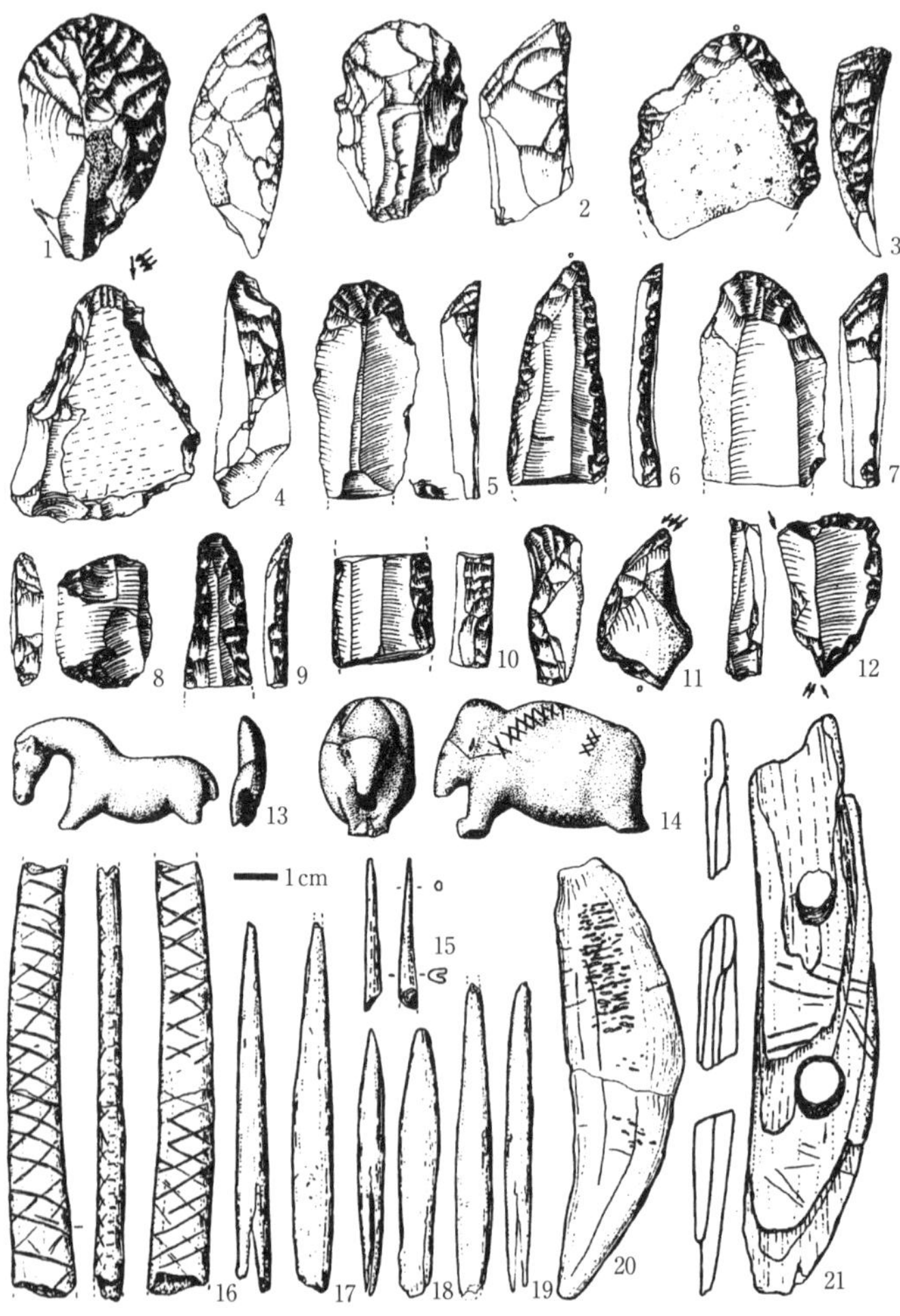
1
2
3
4
5
6
7
8
9
10
11
12
13
14
1cm
15
16
17
18
19
20
21

図15　フォーゲルヘルト洞窟遺跡オーリナシアンの代表的遺物
（Conard, Bolus 2003）
1・2竜骨形掻器，3・5・7鼻状の突部を作り出した掻器，4調整された彫器，6尖頭石刃，8上下両端が二次的に割れた剥片（クサビ形石器），9・10両側縁に二次加工のある石刃，11竜骨形彫器，12横方向に調整後上下両端に彫刀面を持つ彫器，13・14象牙製小彫像ウマとマンモス，15骨製突き錐，16表裏両面にクロスする線刻のある骨，17–19基部を燕尾形に割った骨製磨製尖頭器，20ホラアナグマの犬歯を利用した石器の刃部調整具，21象牙製有孔薄板

フォーゲルヘルト遺跡

この洞窟は南ドイツ全体の旧石器時代の編年の基準となった遺跡でこんにちでもそれは変わらない。中期旧石器時代のところでもふれたが、この洞窟遺跡では後期旧石器時代初頭のオーリナシアンには遺物が爆発的に豊富になる。ドナウをさかのぼって新人（ホモ・サピエンス）がこの洞窟に住みついたと理解されている。遺物が集中するオーリナシアンの古相の第Ⅴ層の放射性製炭素年代は測定値（未較正年代）で三万五八一〇±七一〇年前である。その上に連続する第Ⅳ層は三万二〇三〇±二八〇年前である（Conard and Bolus 2006）。

石器の種類は、二層準とも分厚い石刃、先の尖った石刃、基部加工石器、掻器、多様な形態の彫器、船底形（竜骨形）石器が典型的である。石器は合計九一〇点、剥片類は一二三点発見された。石材は主にジュラ系の角岩であるが、碧玉もふくまれる。そのほかに骨製、マンモスの牙製の槍先が特に多く出土している。象牙製の槍先の典型は基部を燕尾状に割ったように加工した例で二七点もある。燕尾状に開かずに棒状に閉じてまとまった形のものは

七点発見されている。マンモスの肋骨を使った突き針状に尖らせたものや磨いたヘラ状の遺物は、ここではことのほか多い（図15）。

一九三一年の発掘の時代には水洗選別による微細遺物の回収はおこなわれなかった。しかしその後、一九三一年の発掘の時の廃土の再発掘が、時を経て二〇一二年から二〇一五年までおこなわれた。その結果、完全なマンモスの小彫像一点と、一㎝に満たない微細なオーリナシアンの装飾品、とくに穴をあけたボタン状の垂飾り（あるいは衣服に付けるスパンコールとしての機能をもった飾りか）が四〇〇点回収された。

グラヴェッティアンの指標となる遺物は上層で発見されず、この洞窟を利用しなかったのではないかと推定されている。旧石器時代末のマグダレニアンの石器は発見されており居住の証拠はあるが、これもまた洞窟内の一部の広がりにその証拠が若干認められるに過ぎず、頻繁な利用はなかったようだ。

象徴性に富む文化の創造

新しい道具のセット

ネアンデルタール人の集団と顔をあわせることなく、ドナウ川をさかのぼってアッハ渓谷やローネ渓谷に入れかわりに入ってきた新人ホモ・サピエンスたちの残した痕跡からわかることは何か。新しい道具や、身の回りの個体に帰属するさまざまな装飾品、個体にのみ属するとは限らない動物の小彫像の製作、女性を表現した小彫像いわゆるヴィーナス像、男性とライオンを像として統一させた人・獣合体像の表現、楽器（フルート）の製作、というように、それまでになかった生活世界をしめす広義の道具をセットとして創造した事実である。

石器の製作の革新とは、特に石刃技法の成立と発達をさす。石刃技法とは単純化していえば、石塊から石核を作り出して打撃を加え、側縁が平行する整った縦長の剝片を剝離し、それを統一的な素材として多種類の石器を製作する体系のことである。この剥離技法によって作り出された整った剥片を特に石刃と呼ぶ。石刃の薄くシャープな刃先を使い、動物の骨や象牙の素材に二本の平行する溝を作り出して、細い板状の素材を取り出すことを「溝切技法」という。ネアンデルタール人にこの技法はなく、後期旧石器時代に初めて成立した。取り出した骨や牙の薄い板状の素材を砥石で研磨して磨製の骨器が生まれる。

それ以前は、石器づくりの規範にしたがって百万年以上にわたって打製の骨器が製作されてきた。その規範を一挙に解放して、ヨーロッパ中の打製骨器を磨製骨器に劇的に転換させたのが「溝切技法」であり、それは石刃技法の成立と発達が前提であった。象牙素材の小彫像の製作にみるとおり、微細で立体的で巧みな加工はそれを可能にしたデリケートな石器とその刃部がなければ不可能であった。石器の製作技法の革新とさまざまな有機質素材の加工による、従来なかったものの創出、そのいっそうの可視化、個体あるいは個人や集団などに帰属する装飾品、芸術品、楽器などの製作は、相互に不可分であり、技法とアイデアが結びついたアンサンブルとして成立したと考えられる。

こうしたさまざまな道具の創出と、そこに示唆される行動の類型や新しさを、考古学者は新人の〝行動の現代性〟（behavioral modernity）と呼んでネアンデルタール人と新人（ホモ・サピエンス）との文化的な差異をとらえてきた。新人の文化と行動の革新的な面を表現しようとしたのである。この違いを過剰に強調することに反対する研究者もいる。事実、ネアンデルタール人の遺跡からも象徴的な遺物や埋葬例など、ホモ・サピエンスと変わらないと思われる例も世界各地で散見される。

しかし広域に成立したオーリナシアンの文化基盤を見ると、そこにはネアンデルタール人の文化との質的な違いがあることは否定できない。特にここシュヴァーベン地方ではそれが鮮明に表れている。次に見るさまざまな遺物に表現された内容がそれを物語るだろう。

さまざまな装飾品

旧石器時代の装飾品は、どこかに設置して鑑賞するようなものはほとんどないだろう。すると直接身につけるものか、身を覆う服、帽子、ベルトなどに縫い付けて飾るものであっただろう。骨をアーモンドの実の形に加工し孔をあけたもの、孔をあけたボタン状のもの、孔をあけた貝殻や動物の歯など、共通する形態とともに、その中にさまざまな違いもある。ということは帰属の集団の共通性とともに、個体・個人ごとの違いもあっただろう。

すでにホモ・サピエンスであるにもかかわらず、「個体」という言葉で押しとおすには用語法を動物一般に戻し過ぎるきらいがある。といって「個人」を使うと近代的な個人・自我に引き寄せ過ぎるような気に襲われる。その中間がない。「われ」の自覚が文字史料に残る最古の例は、紀元前七世紀後半から六世紀前半、古代ギリシャの抒情詩人サッポーにさかのぼると言われている（広川一九六八）。第一人称による作者自身の登場の例としてこんな詩がある。

月は落ち　すばるは沈み
はや　ま夜なか
時はめぐって　ただ独り
身を横たうもの　わたし。

しかしこの「われ」の発見も近代的な自我とは異なるであろう。ましてオーリナシアンの個人は、近代的な自我における個人とは違う。別の適切な表現がないので、ここではこの事情を充分踏まえたうえで、個人というコトバをつかう。

南ドイツにおける象牙の装飾品の最古の例はガイセンクレステレ洞窟遺跡のAHⅢ層（考古遺物を基準にした文化層の第三層）から発見された。[14]C年代で四万三〇〇〇年前にさかのぼる。他のシュヴァーベン地方の遺跡例はこれよりも若干新しい。シュヴァーベン地方のオーリナシアンでいままでに約七〇〇点以上の装飾品が知られ、そのうち四〇〇点がフォーゲルヘルト洞窟遺跡から発見されている。ドイツでペールレまたはペアレ（Perle）と表現されている遺物が大部分である。直訳すれば珠玉となるが、これでは誤解を招く。長径一㎝弱〜二㎝程度の薄い楕円形のボタン状のもので中央部がつまみ状にやや高くなっている。これが特徴的で数も多い。形状から推定すると垂飾りではなく、衣服、ベルト、帽子、クツ、バッグなどに縫い付けて、ボタンやスパンコールとしての装飾を考えるのが合理的だろう。

動物の歯に孔をあけた垂飾りやネックレスはまれではあるが、ユキギツネの犬歯や、アカシカとウマの切歯を利用した飾りが製作されている。ウマの歯に孔をあける垂飾りはオーリナシアンの後半に特徴的であり、グラヴェッティアンへの移行の様相を呈している。グラヴェッティアンには水滴形の垂飾りが象牙素材で作り出されるのが特徴である。アッハ渓谷ではホーレフェルス、ガイセンクレステレ、ブリレン洞窟などで知られる。動物の歯に孔をあけた垂飾りは、グラヴェッティアンには、ホラアナグマ、オオカミ、キツネ、アカシカ、ホラアナハイエナの事例が多い。当時の狩猟民はそれだけでなく貝類や化石類も拾い集めて装飾品に加工している。

マグダレニアンになると、それ以前に比べ装飾品は少なくなる。孔をあけない数珠玉（じゅずだま）と、貝殻、トナカイの切歯、トナカイ以外のシカの上顎の切歯、黒玉（貝褐炭）などに孔をあけた垂飾りがある。マグダレニアンになってもマンモスの牙を素材にした装飾品は製作されるが、もはや素材としての主要な位置を占めなくなってゆく。マンモスは未だ絶滅していないがマンモスの個体群が減っていく過程が反映されているのであろう。

氷河時代の芸術品

シュヴァーベン地方のアッハ渓谷とローネ渓谷に分布する洞窟遺跡、特にガイセンクレステレ、ホーレフェルス、ホーレンシュタイン・シュターデル、フォーゲルヘルトの洞窟遺跡で発見されたさまざまな動物の小彫像、女性の小彫像（ヴィーナス）、ライオンマンのような人・獣の一体的彫像、楽器としてのフルートなどは、どれも後期旧石器時代初頭オーリナシアンの社会集団内で機能した道具である。こうした広義の道具をよく観察すると、彫像製作時の凝集したエネルギーが微細な部分にも反映されている。エネルギーは細部に宿る。短期に消費される日常的な道具ではない。それは長期にわたり保持される特殊な道具である。当時、芸術品という概念はないが、今日の表現からすればそう呼んでも誤りではないだろう。

発見の考古学的出土状況、層位的に明確な根拠による同時期性、[14]C年代測定による数値年代の同時性の保証など、オーリナシアンにおけるさまざまな小彫像の様相を理解するのに必要な好条件件は、ここシュヴァーベン以外では世界中どこにも望めないであろう。

学史的にはまずフォーゲルヘルト洞窟が重要である。一九三一年のG・リークによる発掘ですでに一〇点におよぶオーリナシアンの象牙製の動物（ウマ、マンモス、ヒョウ、クマ、バイソン）をかたどった小彫像が発見された（図16）。あまりはっきりとはしないがヒトをかたどったのではないかと思われる小彫像も一点ある。他の洞窟遺跡と比べてフォーゲルヘルト

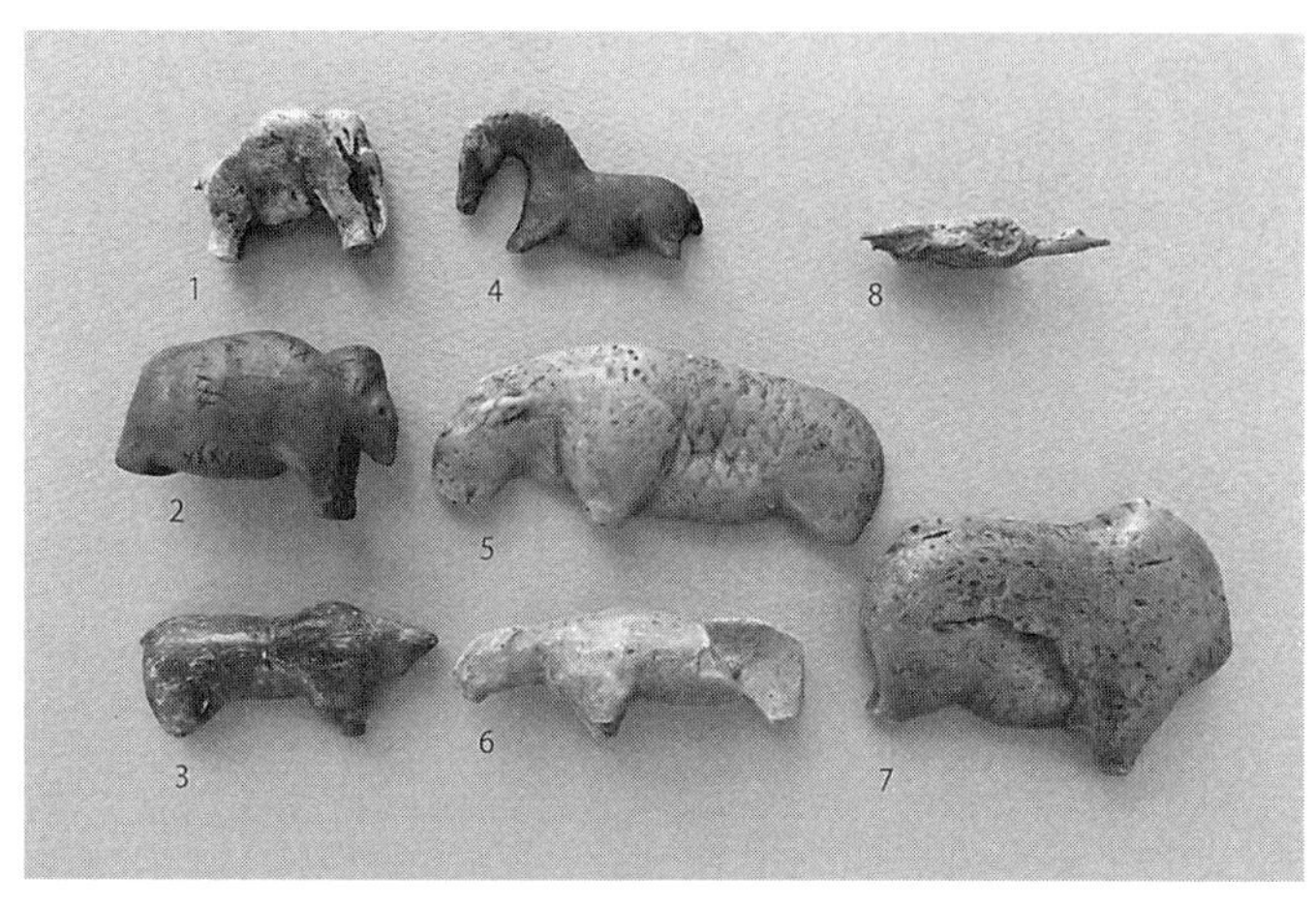

図16　オーリナシアンの動物小影像の例

フォーゲルヘルト洞窟遺跡（1〜7），ホーレフェルス洞窟遺跡（8），いずれも象牙製（レプリカ）．1・2マンモス，3クマ，4ウマ，5ライオン，6ヒョウ，7バイソン，8水鳥

ヘルトは特に小影像の数が多い。一九三一年の発掘時の廃土の再発掘が二〇一二年以降に実施されたが、そのときの発見を加算すると合計四〇点の動物小影像と、小影像の可能性の高い破片六〇点を合わせ一〇〇点もの資料が発見されている。

次に注目されるのは一九三九年にR・ヴェッツェルがホーレンシュタイン・シュターデル洞窟の奥深くで発見した一〇〇点以上におよぶ破断した象牙製の遺物である。長く放置されていたが一九六九年にJ・ハーンらによる接合作業によって主要部分が接合し、頭部がライオンで体が男性を表現した「ライオンマン」であることがわかっ

図17　ウルム市博物館展示のライオンマン

て、よみがえった。

その後もさらにこの資料の出土位置と層位の確認と現場の保全措置のため二〇〇九年から二〇一二年まで再発掘がおこなわれた。そのとき回収された微細な象牙の断片をふくめ、保存措置のために、すべてバラバラに外して再度接合をやり直した。七五八点の象牙破片の精査により、一三九点は象牙でなく骨と角の断片であることがわかり、象牙は六一九点となった。これに対して保存科学と復元の専門家二名のもとで再接合がおこなわれ、復元された彫像の高さは三一・一cmとなった（図17）。また、調査の結果、象牙のどの部分をどのように使ったかも理解できるようになった（Ebinger-Rist & Wolf 2013）。

ウルム市の博物館では重さ三・八kgの象牙を用意して当時の道具（石器）と同じ条件でライオンマンの製作実験もおこなわれ、製作には三六〇時間かかったと報告されている（Hein 2013）。旧石器時代に人間を表現した彫像は、ほとんど例外なく女性であり、体が男性で頭がライオン、しかも高さ三一・一cmとここまで巨大なのは例外的で特異な存在である。

頭部と肩部などの形状にこの大きなライオンマンと類似する点をよく残す〝ミニ・ライオンマン〟と呼ばれている彫像がアッハ渓谷のホーレフェルス洞窟遺跡で発見されている。ほぼ完形の現存の高さはわずか二・五㎝である。顔の細部の表情はあまりはっきりしないが、小さな耳状の高まりと、肩の張り方、腕などはライオンマンを想起させる（図18）。

もう一点がやはりアッハ渓谷のガイセンクレステレ洞窟遺跡で出土しており、高さ三・八㎝、幅一・四㎝の薄い板状の象牙の片面に、両手をあげ立ち上がっている男性が半浮彫で表現され、両脚の間に尾が付いている。この尾は素材の彫り残しではないかとの意見もあるが、動物の尾と理解していいだろう（図12の20番参照）。頭部は人間か他の動物かはっ

図18　ホーレフェルス洞窟遺跡で発見されたミニ・ライオンマン
（Archäologische Infromationen aus Baden-Württemberg, 48. <2002> Photo：Hilde Jensen ©Universität Tübingen）

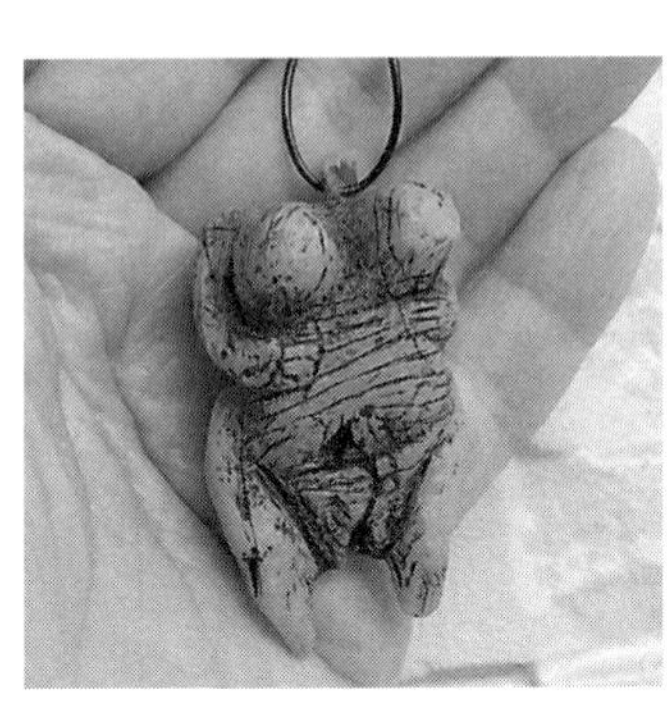
図19　ホーレフェルス洞窟遺跡出土の女性小影像（ヴィーナス）（レプリカ）

きりしないが、全体は半人半獣の描写であろう。

誰もが驚いたのは、アッハ渓谷のホーレフェルス洞窟遺跡で発見された象牙素材の女性の小影像（ヴィーナス）だろう。オーリナシアンの古相、およそ四万年前の堆積層から高さ五・九七㎝、幅三・四六㎝、厚さ三・一三㎝、重量三三・三ｇの小影像がほぼ八〇％の残存率で発見された。保存は良好である。体全体に走る細く深い線刻は、長短の横、縦方向や体のカーブに沿って詳細に刻印されている。細部の表現もはっきりして特に胸の表現は極めて立体的に強調され迫力がある。頭部・頸部の表現はなく、上部は紐とおしの孔を作り出した以外は平坦である。紐とおしの孔の存在は小影像の使い方を象徴している（図19）。

楽器（フルート）の驚き

楽器としてのフルートはフランスのイストリッツ遺跡、オーストリアのウイーンのヴァッカウでも発見されている。しかし、極めてまれな発見であるフルートで、オーリナシアンと時期が限定できる資料はここアッハ渓谷とローネ渓谷の例だけである。

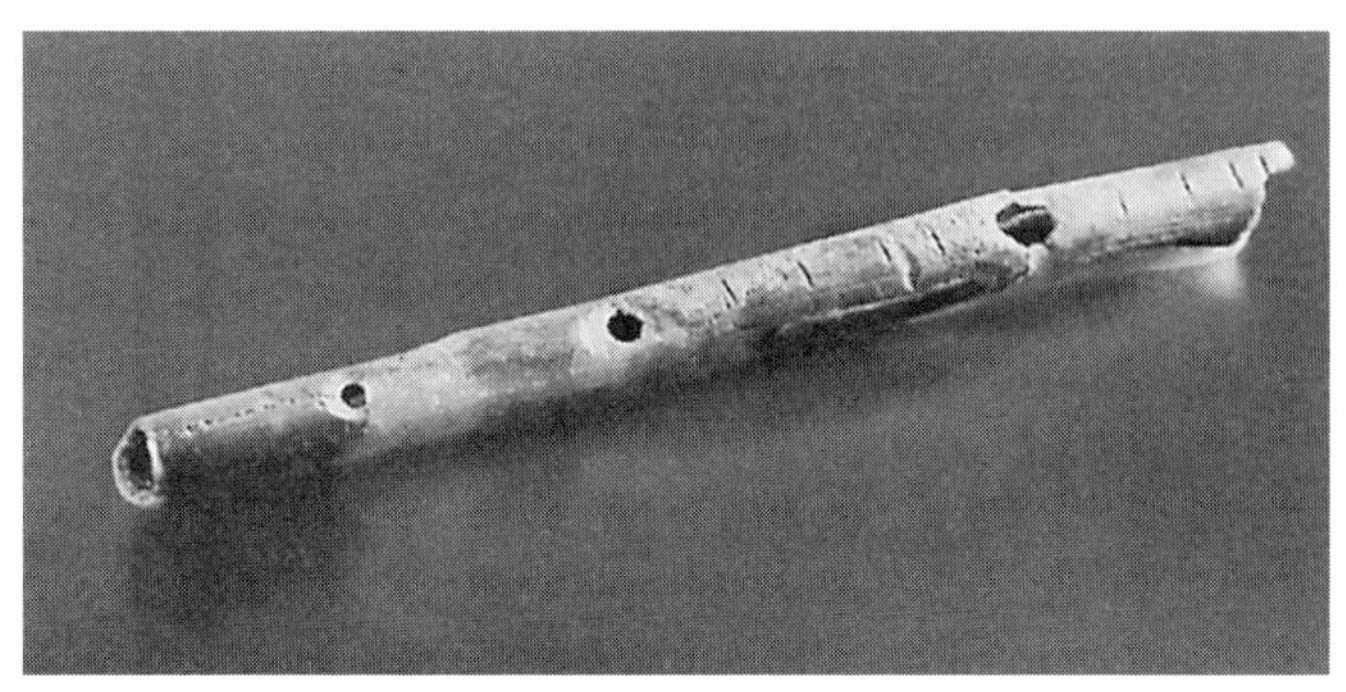

図20　ハクチョウの腕の管状長骨（橈骨）を使ったフルート
（Archäologische Infromationen aus Baden-Württemberg, 48. <2002> Photo：Hilde Jensen ©Universität Tübingen）

音楽はダンスを通じて精神と肉体を結びつける。文字が発明される以前の言語は全く聞くことができないが、楽器としてのフルートは集団の社会的一体性を保つなんらかの手段として機能していた可能性が高い。

最初の発見は一九九五年、ガイセンクレステレ遺跡の四万～三万七〇〇〇年前の堆積層からハクチョウの腕の管状長骨（橈骨）を使ったフルートが発見された（図20）。欠損はあったがフルートが復元され、F・ゼーベルガーの復元と研究により、明るく澄んだフルートの音がよみがえり世界に知られるようになった。

アッハ、ローネの両渓谷で今までに断片もふくめると合計五本のフルートが発見されている。まず、ガイセンクレステレ洞窟遺跡で二本。一本はハクチョウの橈骨を素材としたもの、別の一本は

図21　ホーレフェルス洞窟遺跡公開の曜日と時間の説明版
発見されたヴィーナスとハゲワシの骨製のフルートがデザインされている.

マンモスの牙（切歯）を素材としている。牙から素材を切り出し、断面を丸く加工し、半分に縦割りしてから中を樋状に削り出して樹脂の接着剤で合わせると、象牙の管ができる。孔をあけてから樹脂などで接着し、薄い革紐で緊縛して音を漏れないようにする、という手の込んだ作りこみである。

次に、ホーレフェルス洞窟遺跡で二本。一本はシロエリハゲワシの橈骨を素材とし、ほぼ完全な形で発掘された（図21）。長さ二一・八㎝で一番長い。別の一本は象牙製であるが断片である。最後は、フォーゲルヘルト洞窟遺跡でも一本発見されているが、これも象牙の断片であり両方とも製作の痕跡からフルートであると断定したものである。

フルートの二種

その後の研究によると、フルートには二種が区別できるという。第一は、ハクチョウ、ハゲワシの橈骨素材で、明るく高い音を奏でることができる。第二は、製作工程が複雑な象牙製のフルートで、美しい低音を奏でることができる。なぜこうしたことがわかったのか。それは、ガイセンクレステレで素材の違う二種

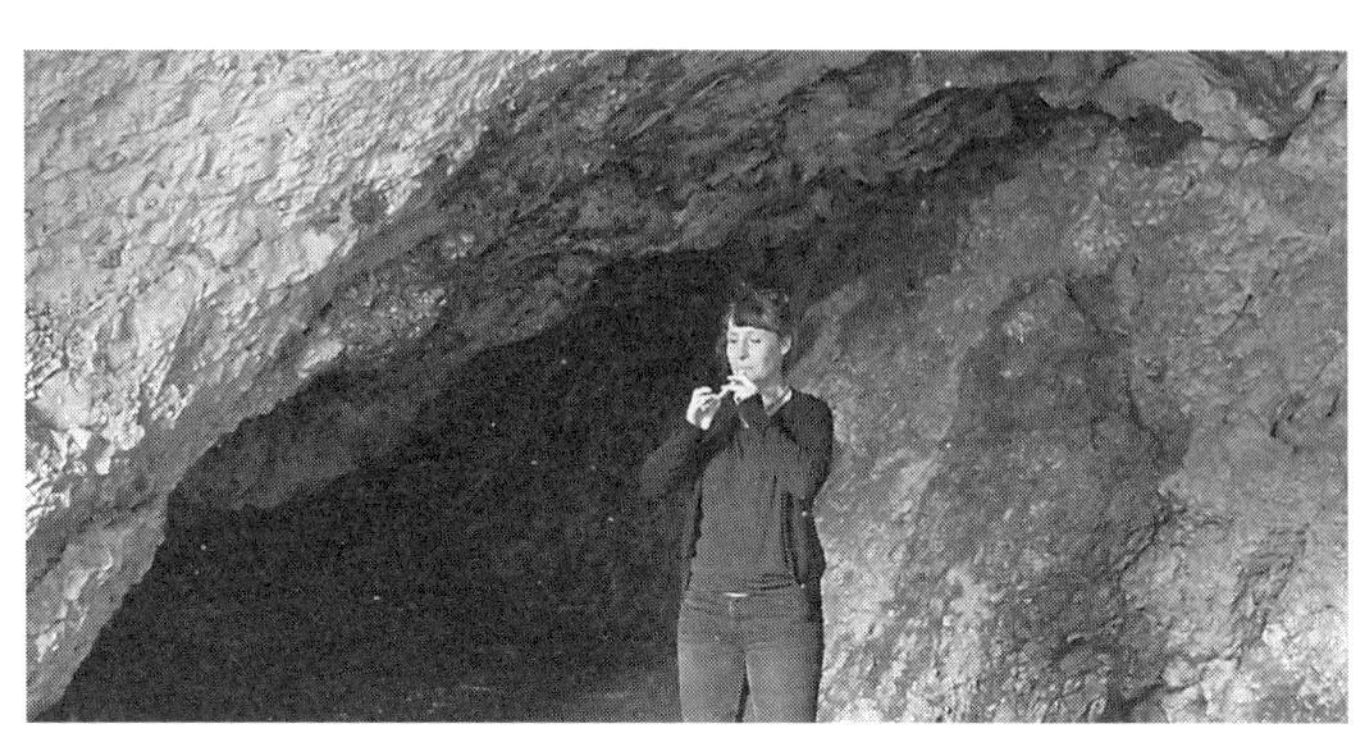

図22　４万年前のフルートの音色を想像する

類のフルートが発見されたが、複雑な工程を必要とする象牙素材をあえて使ってフルートがなぜ作られたのか、という疑問が出発点であった。これを解決しようと、製作実験によって吹き比べてみた結果である(Conard, et al. 2015)。

二〇一五年に、フォーゲルヘルト遺跡の北約一〇㎞に隣接するハイデンハイムの町で、伝統ある考古学の研究団体のフーゴ・オーバマイヤー協会の第五七回の年次大会が開催された。わたしも招待されて研究報告したが、そのとき「シュヴァーベン地方のオーリナシアンにおける楽器の発見と音風景」という発表があった。Ｆ・ゼーベルガーとＷ・ハインが復元製作したフルートを使って、プロのフルート奏者であるアンナ・フリーデリケ・ポーテンゴウスキーがフルートの音の周波数と調性の分析結果を、吹き比べて発表をおこなった。実際はもっと複雑に差を出して吹き比べることができると報告していた。音風景とはどんなものか、翌日の遺跡巡検で訪れたフォーゲルヘルト洞窟内で、フルートを吹き分け実演して見せてくれた。はるか時を越え、不思議な錯覚にとらわれた（図22）。

社会関係を推しはかるむずかしさ

旧石器時代の社会の集団関係を解明するのは「容易である」といえばウソになる。真逆である。日本列島の旧石器時代の研究では石器以外の遺物は通常発見されない。遺物の包含層が弱酸性で有機質の資料は腐食して残っていない。また石を素材とした装飾品も例外的にしか発見されない。それに比べるとヨーロッパでは石灰岩の洞窟や岩陰、また平地でも石灰岩片をふくむ堆積層や石灰岩由来の風成堆積物にふくまれる炭酸カルシウムにより、骨などの有機質の遺物が残りやすい。アッハ、ローネの両渓谷の遺跡における有機質資料の出土と保存度は特に良好であり、そのためさまざまな種類の骨角牙器が残ったのである。

こうした共通して相互に強い関係をしめす遺物が集中するアッハ渓谷とローネ渓谷の遺跡群は、およそ四〇㎞離れている。厖大な遺物が集中する個々の洞窟の遺物は、一家族が恒常的に居住した痕跡ではなく、移動と長・短の居住を繰り返した、異なる家族や集団の行動の結果である。つまり、単純化すれば二つの渓谷にはそれぞれ複数の小規模な集団（バンド）の居住があっただろう。だから、両渓谷の集団をあわせると、より大きなバンドが想定できるだろう。

この想定は、R・R・ニューエル等による狩猟・漁撈・採集民の社会構造に関する民族誌の理論研究の成果を参照してのことである。そこでは人口増と社会の複雑さを横軸に、時間的発展的な展開を縦軸にとってモデル化して、〈個人（エゴ）〉〈作業集団・家族〉〈小バンド・大バンド〉〈方言部族＝最大規模のバンド〉〈語族〉の五つの階層を区分している。

広い意味で現代の言語をふくむ民族誌の事例から組み立てられたモデルである。考古学的にはヨーロッパのほぼ全域から集められた装飾品一万五三九四点の資料の分類にもとづき、中石器時代の地域集団の規模を階層的に解釈するために用意された（Newell, et al. 1990）。これは中石器時代だけでなくオーリナシアンの事例でも説明できるように見える。それは、理屈の上での「類比（アナロジー）」の作用である。しかし、類比による説明はあくまで類比であって、作業仮説であるので、仮説は何が明らかにされれば近似の証明になるのか、あるいは何が明らかになれば反証されて仮説が潰れるのかという面倒な問題に直面する。

楽器（フルート）やライオンマンが出土しているので、集団の関係の推定を補強するか、あるいは風穴をあけることができるかもしれない。

交流と集団関係

ライオンマンが発見されたホーレンシュタイン・シュターデル洞窟とミニ・ライオンマンが発見されたホーレフェルス洞窟は約四〇㎞離れ

ているが、いままで発見された例がない大・小の人獣合体像は、両遺跡間に強い繋がりをしめしている。これは民族誌の類例ではなく同時代の考古資料である点が重要である。

おなじく、ガイセンクレステレ、ホーレフェルス、フォーゲルヘルトの三遺跡でフルートが合計五点発見されていることも、特異でまた例外的である。この二つの事例をみてもアッハ渓谷とローネ渓谷の集団の結びつきの強さをしめしてあまりある。

中期旧石器時代、ネアンデルタール人の段階でも、踊る、歌うのに合わせて叩いて音を出すいわばこんにちでいう打楽器に相当するものは当然あっただろう。しかしいまわれわれがはっきりと楽器として認定できる考古学的資料は残されていない。後期旧石器時代初頭のオーリナシアンになってはじめて社会的な文脈で音楽、芸術、象徴的な製作物が積極的に生みだされたのである。

中部ヨーロッパにオーリナシアンが急速な文化的な広がりを見せるようになり、こうしたことを背景として、大小さまざまな階層の空間的広がりが意味をもつようになったからである。石器型式の特徴にしめされるような大きな考古学的な文化の広がりよりも下位の広がりの社会的な関係の紐帯を維持するためには、こうした象徴的な道具、芸術、楽器としてのフルートの創出が不可欠であった。それが生活域の拡大に対応する集団にとって、結果的に有利に働いたに違いない。

当時は寒冷で樹木も繁っておらず、風が強い場合は戸外で音を聴きわけるのもむずかしい。だから、洞窟内でフルートを吹くことは、音楽と歌などを媒介としてコミュニケーションをとることによって、集団間の社会的な紐帯を確認する最良の条件と音響の空間をそなえていたのであろう（Conard, et al. 2015）。

南に退きはじめる氷床

ヴュルム氷期の最盛期に氷河がドナウの右岸にどこまで迫っていたのか。ドナウの最上流の左岸に接してインメンディンゲンという町があるが、ここから南南西に約八㎞の地点までヴュルム氷期の最盛期のモレーンが迫っていたのである。このモレーンの分布と重なってエンゲンの町があり、そこから東にわずか二・五㎞の地点に後期旧石器時代のマグダレニアン末葉のピータースフェルス遺跡がある（図1の7番）。文化層は複数あるがすべてマグダレニアンであり、年代は第四層が一万三〇〇〇年前、第三層が一万二〇〇〇年前である（Jaguttis-Emden 1983）。

この遺跡は一九二〇年代に発掘され、動物の骨約八七〇点およそ三〇〇㎏、フリント製石器約一五〇〇点、フリントの砕片・石屑約八二〇〇点が発見された。動物骨はトナカイが最も多く、ウマ、ユキウサギなどが続く。

また、マグダレニアン末葉に特有な抽象化の進んだ、貝褐炭（ばいかったん）（黒玉）製の女性小彫像（ヴィーナス）が一点発見されたことでも有名である。

浅い涸れ谷であったブルーダー渓谷が狭まった地点にあるこの洞窟が、移動するトナカイなどの草食動物の狩猟と解体の場として季節的に利用されたため、莫大な量の骨が堆積したことが一九七〇年代の再発掘でわかった。主として春期の狩猟場として一カ月から二カ月くらいの滞在期間にさまざまな集団によって利用されたことが解明された（Albrecht, et al. 1983）。

ドナウの源流から上流域を見ると、マグダレニアンの遺跡はほとんど左岸にしか立地していない。ドナウの右岸に人が進出するのはマグダレニアンの末になってからである（Maier 2015）。一万三〇〇〇年前にここで人類集団が盛んに狩猟活動をしていたということは、すでに氷河は南に後退していたことの証拠である。

氷河が後退した後、それではマグダレニアンの終わりごろの人びとが大量にドナウの右岸地域に拡散して居住したかといえばそうではない。分布図がそれをよくしめしている。ピータースフェルス遺跡や、フェーダー湖の沿岸に数少ない遺跡が確認できるだけである。氷河が去った後でも、居住に適した地形と植生の景観が回復するまでには時間がかかる。ドナウ川をはるか南に越えてアルプスの北麓の高地にまで広く遺跡が分布するようになるのは、マグダレニアンに次ぐ更新世最終末の晩期旧石器時代を経て、完新世初頭の中石器時代初頭になってからのことである。

いま見てきたように、シュヴァーベン地方の旧石器時代研究の進展はほかの地域に比べて抜きんでている。その背景のワンショットを記してみたい。

研究展開の基礎

南ドイツにおける考古学の研究は、旧石器時代研究にかぎらずテュービンゲン大学考古学研究所の役割が戦前から極めて大きい。しかし、シュヴァーベン地方だけでなく世界に開かれた旧石器研究のスタイルの基礎を作ったのは、やはりH・ミュラー＝ベック教授だろう（図23）。一九六九年に教授として着任後、第四紀研究の諸分野の成果を系統的に深めるために、年代測定、自然人類、民族誌考古学、石器の使用痕跡研究をはじめ、各種の自然科学的な分析方法を旧石器研究の中にいかし発展させた。

考古学のカリキュラムの中に週一回のコロキウム（専門討論集会）を組み込んで、世界各地から研究所を訪れる研究者に最新の研究状況を報告してもらい、学生は居ながらにして世界の最新情報を聴けるようにしたことも教授のアイデアであり、今日まで半世紀以上続いている。一九八七年と二〇〇二年にわたしも報告したことがある。また制度的には、理学部と人文系の学部の両方から予算を確保できるようにして、一つの考古学研究所を運営する基礎を作った。世界でも類例のないことだろう。

わたしは一九八〇年に、当時西ドイツのフンボルト財団の奨学研究員としてテュービン

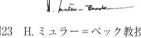

図23　H. ミュラー＝ベック教授
（1927-2018）（Campen, et al. 1996
Photo：©Universität Tübingen）

ゲンの考古学研究所に滞在していた。受け入れの教授であったミュラー＝ベック先生は毎朝一〇時頃、研究所内のあちこちの部屋に分散して研究しているスタッフや学生の前に必ず顔をだして、研究の進捗具合や直面して困っている問題などをごく短時間ながら会話する時間をとり、タコ壷状態にならないように気を配っていた。

研究所に顔をだした初日、もう一人のW・タウテ教授に「手洗いの場所を教えてくれ」というと、「複雑で口頭では説明できないからついて来てくれ」という。テュービンゲン大学は一四七七年、日本では応仁の乱がようやく終わろうとするころに創立された。考古学研究所は一七世紀に改築した城の中にある（図24）。研究所内の石の螺旋階段を昇ったり降りたり、部屋を仕切る高く太い古材の敷居を何回もまたぎ、狭い石畳の室内の通路を右に左に何回も曲がって、ようやく目的の場所に到達。戻れるのかな、と不安もよぎるが、途中、不便な城内のスペースを工夫してさまざまな分析装置や実験中の機械が動いている、

図24　テュービンゲン大学考古学研究所

徹底した分業にもとづく協業で、研究の高い生産性を保つ姿に圧倒された。

当時ドイツの大学はすべて国立大学で、私立大学はなく、一都市に一大学が原則であった。そのため大学の正式名はエバハールト・カールス大学であるが、ふつうテュービンゲン大学と呼ばれている。職階も教授職と助手職しかなく、准教授や助教授の職域はない。またそもそも大学院なるものもなかった。学部を卒業後だいたい一〇ゼメスター（五年間）くらいかけて博士の学位論文をまとめ、請求して試験に合格すれば博士となる。

博士号取得後かなりの年数をかけて教授資格試験論文（モノグラフ）をまとめ、一年くらいかけておこなわれる教授資格の国家試験に合格しなければ教授の資格は取得できない。

教授職は博士号と同様、公的に認定された資格であるので、どこに職を得ようと教授は教授であり、死ぬまで教授であり博士である。だから元教授という表現はない。大学に職を得ようとしてもポストに空きがなければP・D・Dr.（正規のポストをもたない大学の私講師・博士）としてとどまる。

こうしてテュービンゲンの考古学研究所も教授（H・ミュラー＝ベック、W・タウテ）、助手（J・ハーン）、私講師、教授資格を持たないポスドク、博士論文準備中の博士候補生、さらにバーデンヴュルテンベルク州立記念物保護局勤務ではあるが、考古研究所内に研究室をもっている博士のスタッフもいた。考古学研究所を構成する考古学部門以外の分析化学、年代測定などの部門もふくめれば、先史部門だけでざっと数十人は下らないスタッフが一研究所に集まっていたのである。

いまではドイツの大学組織や構成も現代の社会に適合するよう、当時と比べもちろん変化した部分は多い。ドイツ連邦共和国高等教育法で二〇〇二年に教授と助手の間に在職年が最長六年に限定された新しい「若手教授 Juniorprofessuren」という座りの悪い呼称の職階が設けられたのもその一つである。

テュービンゲンの旧石器研究ではその後J・ハーン博士の活躍も特筆されるが、残念なことに五四才で早逝した。いま研究所は旧石器時代から中世までをカバーし、特に旧石器時代の研究ではN・J・コナード教授のもとで自然人類学や遺伝考古学の部門も拡充され、調査研究も広く世界展開している。研究所はその後、研究しやすい構造に大改修され、また城の中には考古学を中心とした規模の大きな大学博物館が設置されている。

後氷期と有畜農耕民の出現

中石器・新石器時代

ドナウ川上流域の中石器時代

去り行く氷河

ヴュルム氷期最盛期には、ドナウ源流域のインメンディンゲンの町付近では川の右岸から南に八㎞付近まで氷河が迫り、インメンディンゲンから直線距離で約一一〇㎞下ったウルム市付近ではドナウ川の右岸から約六〇㎞の地点まで氷河が迫っていた。最盛期以降次第に氷床は後退するが、時期を細かく切ってどこまで後退したかを解明することはかなりむずかしい。

それは更新世末の晩氷期になると、第一に寒暖の繰り返しを経ながら次第に温暖化の傾向が強くなり氷河の後退が促進されたが、融解は等速運動ではないから、第二に地形を俯瞰的にみると、平地に近いところでは氷床が溶ければ広い範囲で後退が進んだように見えるからだ。アルプスの北麓の傾斜地では、後退の水平距離は当然ながら平地に比べ進まない。この二つの要因から氷床後退の実相は複雑である。

数は多くないが時期がはっきりしている遺跡の分布が確実な証拠となる。氷河の中に人は住めないから、人類集団が活動した証拠である遺跡がアルプス北麓のどこまで分布するのか、それがわかれば氷床後退の状況を語る物差しの役割をはたすのである。マグダレニアンの終末から晩期旧石器時代の終わりまでの間に、どのくらいの速度で氷床が退いていったのかは、早期中石器時代のウラーフェルゼン遺跡のところで具体的にふれることにしよう。

中石器時代へ

南ドイツの晩期旧石器時代から中石器時代の調査は、一九六〇年代の初頭まで進んでいなかった。ここでいう晩期旧石器時代とは、マグダレニアンの終末から中石器時代が始まるまでの間の旧石器時代最終末の時期をさす。

いっぽう、周囲のフランス、スイス、オランダ、北西ドイツ、旧東ドイツのテューリンゲン、エルベ川とオーデル川の間の平地、そしてポーランドなどでは目覚ましい調査の進展があった。南ドイツの調査の遅れは、一九六〇年代の前半から一九七〇年代の中頃までの十数年間にテュービンゲン大学のW・タウテによる精力的な発掘調査によって克服された。それはドナウ川の源流域から上流域に沿って分布する主要な洞窟・岩陰遺跡の大部分をカバーしている。

旧石器時代マグダレニアンの終わりごろから新石器時代初頭の帯紋土器（Bandkeramik）の出現期まで約六〇〇〇年間の詳細な編年が、洞窟・岩陰遺跡の層位学的な発掘の成果によってうちたてられた。これはこんにちでも基準になっており、相対編年の枠組みは動いていない（Taute 1975）。

晩氷期と晩期旧石器時代は大部分重なる。だが最古ドリアス期だけはまだマグダレニアンの末葉と並行する。晩氷期の細分は北西ヨーロッパでたてられたモデルであり、最古ドリアス（亜氷期）、ベーリング（亜間氷期）、古ドリアス（亜氷期）、アレレード（亜間氷期）、新ドリアス（亜氷期）の順に変遷し、新ドリアス（ＹＤ）期の終わりをもって更新世が終わる。つまりここが更新世と完新世の境界である。ヨーロッパでは旧石器時代の終末と中石器時代始まりの境界を、更新世と完新世の境界と一致させていると思われるので、整合的で混乱がない。

編年の詳細　旧石器時代末から中石器時代を経て新石器時代の最古の土器が出現するまでの石器の編年は、ヨーロッパ全域を見渡しても、おそらくここドナウの源流域・上流域よりも詳細をたどれる地域はないだろう。図25にあるように、ツィゴイナーフェルス洞窟、イェーガーハウス洞窟、ラウターエック岩陰の主要な形態の石器が型式学的な検討を経て層位順に整理され、マグダレニアン終末期以降、晩期旧石器時代から

洞穴・岩陰遺跡の層序 ツィゴイナーフェルス	イェーガーハウス	ラウターエック	文化史の時期区分とその細分		地質・植生区分		^{14}C 年代 BP＝1950年起点の較正年代
		D	早期新石器 （最古の線帯紋土器）		後氷期	新期アトランティック	
	6 7	E	晩期中石器			古期アトランティック	7150calBP
	8 9		早期中石器	ボイロニアンC		ボレアル	7800calBP
A	10 11 12			ボイロニアンB			9860calBP
B	13			ボイロニアンA		プレボレアル	
C				最古の中石器			
D	15		晩期旧石器		晩氷期	新ドリアス	11550calBP
E						アレレード	12700calBP
						古期ドリアス	
F						ベーリング	14450calBP
G H H/J			後期旧石器 （マグダレニアン）			最古ドリアス	

図25　ドナウ川上流域の更新世—完新世移行期の編年（Taute 1975, 一部追加）

中石器時代の終末までの間が八期に細分されている（Taute 1975）。

石器の形態学、型式学の編年はふつう新しい要素の出現によって区分するのであるが、ツィゴイナーフェルス洞窟遺跡の例をみると、マグダレニアンに後続する晩期旧石器時代ではマグダレニアンの彫刻刀形石器、エンドスクレーパーなどの要素が次第に衰退縮減していく過程のように見える。それと反対に背付き尖頭器の出現と展開がみられる。

ツィゴイナーフェルスD層以降の小形背付き尖頭器、ミクロ尖頭器はいずれも石鏃と考えられている。弓矢による狩猟が想定されているのである。これは中部ライン地方のフェーダーメッサー文化のニーダービーバー遺跡から矢柄研磨器が出土していることが根拠になっている。典型的な矢柄研磨器とは、カマボコ状の平らな部分に幅一cm未満の半円状の溝をつけ、これを二つ作って平坦な部分同士を合わせ、その間に弓矢の矢柄をいれ、矢柄を研磨しまっすぐに整える道具として知られている。素材には砂岩などがおもに用いられた。世界各地にあり、日本列島でも縄文時代草創期に多く出土し、年代的にも世界で更新世末から完新世初頭に集中する。

晩期旧石器時代のツィゴイナーフェルスF、E、Dは、ライン地方のフェーダーメッサー文化、アーレンスブルク文化に編年的に対応し、西南フランスのアジール文化に対応する。中石器時代早期に相当するボイロニアンA、B、Cは西南フランスのソーヴェテリアンに対比できる。晩期中石器時代のイェーガーハウス6・7層は同じく西南フランスのタルドノア文化に対比できる。その後は、ラウターエック岩陰遺跡のE層に連続するD層では最古の線帯紋土器が発見されているので、中石器時代末と新石器時代の始まりの年代差は西南ドイツでは長くないと評価されている（Taute 1975）。

この地域では最古の線帯紋土器の年代は^{14}C年代でおよそ七〇〇〇年前とされてきたが、線帯紋土器よりも以前の最古の帯紋土器がシュヴァーベン地域のアールベック遺跡とランゲナウ遺跡で発見され、およそ七七〇〇から七五〇〇年前の^{14}C年代値があたえられている。このため、南ドイツにおける中石器時代の終末と新石器時代の境界は約七七〇〇年前だろうとする見解がだされている（Wischenbarth 1995）。

環境と人類活動

環境変動と人類の適応

ドナウ川の上流域の後期旧石器時代、特にオーリナシアンの時期にはネアンデルタール人の時代にはなかったさまざまな革新的な技術の達成、装飾品、芸術品、フルートなどの楽器が、ドナウをさかのぼってきたホモ・サピエンスたちによって生みだされた。

また、氷河期が終わり、後氷期にはいってから三〇〇〇年くらい後にドナウ川をさかのぼって拡散した有畜農耕民（ゆうちくのうこうみん）の集団は、氷河起源の細粒堆積物でヨーロッパではレスとよばれる地帯に進出して新石器時代の指標である農耕社会を形成させていく。旧石器時代と新石器時代の狭間の中石器時代は、特にドナウの源流域と上流域では何か見栄えのしない時代のように映るかもしれない。

考古編年の晩期旧石器時代から早期中石器時代への移行期は、地質区分では更新世末の晩氷期から完新世の後氷期への移行期、植生区分では新ドリアス期からプレボレアル期への移行期である。気候の急激な温暖化への移行期で、動物相も更新世の寒冷型の動物相からこんにちの温暖型の動物相が成立する。いまから一万一七〇〇年前の新ドリアス期の終わりが、更新世の終わりと完新世の始まりの境界である。

寒冷から温暖への急激な気候変動により、氷河が溶けて後退する。それにともない植生が変化する。植生に依存する動物の生息域も変化する。動物の狩猟を生業とする人類集団も新しい地形環境や生業環境に適応を迫られる。これは時系列の変化だけでなく、さまざまな現象の分布のうえでも急激で多様な変化をしめす。

自然環境の変動と人類の適応の実態はどうだったのか。これは一般に自然環境と人類の相互関係の問題として、現代のわれわれが直面している地球環境の問題とも深く関連して非常に関心の高いテーマである。考古学の世界でも、このテーマで書かれた論文は山のようにある。地球の表層環境の中に人類は生きているので、時代の新旧にかかわらず相互に関係があるのは当然である。

しかし、多くの論文や著作をみると、相互関係の中味の分析はなく一般論の記載に終始して、今後の課題を少々述べる程度のものが圧倒的に多い。それはこの課題が具体例をとおして把握されていないからである。相互関係の規定関係やその強度や割合などに言及されることはまれである。

ドナウの源流域と最上流域は、このテーマについての環境と人類の相互論を超えた新しい問題を、一般論ではなく具体的事例で明示できる可能性を秘めている。それを可能にしている基礎は、更新世末・完新世初頭の詳細な文化編年が整っていることである。プレボレアル期の早期中石器時代の遺跡を例に一般論の壁を破って、ヒト・資源環境の内実に迫ろう。

ウラーフェルゼン遺跡

中石器時代の詳細な編年は重要である。温暖化による植生の回復と森林限界の上昇、それにともなう狩猟動物の生息域の移動、それに規定される人類集団の移動とその後に残る遺跡の分布などを見るとき、ドナウの上流域では氷河の後退の様相がさまざまな現象を解く鍵をにぎっている。

ウラーフェルゼン遺跡は、インスブルック市の南西約一九㎞の地点、シュトバイアルプスの一部を成すフォッチャー渓谷にあり、切り立った断崖の上の小さな平坦面にある。海抜一八六九ｍである（図26）。完新世初頭のプレボレアル期、早期中石器時代（約一万一二〇〇－一万六五〇年前）に属する。一四カ所の炉跡から採取された二二点の資料の[14]C年代の測定の結果四つの年代的なまとまりが把握された。考古学的な区分でいえば、ボイロニ

図26　ウラーフェルゼン遺跡（南から）

アンA期とボイロニアンB期である（Schäfer 2011）。

しかし、ウラーフェルゼン遺跡はドナウの源流域から東南方向に直線距離で約一六八㎞もある。ドナウ川に沿った遺跡からは大いに外れるのではないか。そこはオーストリアのアルプス北麓の北チロルである。だが、ウラーフェルゼン遺跡は後氷期の初頭、無氷の空間となったアルプス高地における自然環境と人類の相互関係の具体相を明らかにできる。つまり自然と人類の因果関係の連続と破れを解明できる重要な鍵をにぎっているのである。ウラーフェルゼンではボイロニアンA期とB期の典型的な石器が発見されており、おそらく厳冬期を除く季節的な利用が複数の当該期の集団によって安定的になされたようである。

ドナウ最上流の右岸の高所にあるイェーガーハウス洞窟遺跡を残した集団とウラーフェルゼン遺跡を残した集団が同一ということはまずないであろうが、氷床が退いた広大な無氷空間にはさまざまな小集団が季節的な移動を繰り返しながら狩猟活動をおこなった姿が推定できる。

そのため、アルプス北麓の北チロルにあるウラーフェルゼン遺跡をふくむ関連の遺跡の出現と消滅の問題を、自然環境と人類活動の関係において解明するためには、ドナウの源流域と上流域の中石器時代遺跡と関係づけてあつかうことが必要なのである。

ウラーフェルゼン遺跡周辺の当時の氷河地形環境をミクロに復元したケルシュナーの研究（Kerschner 2011）によると、フォッチャー渓谷のフォッチャー氷河は、新ドリアス期には海抜二〇一〇m付近にあり、氷床はウラーフェルゼン遺跡から二㎞程度南に後退している。それよりも前の最古ドリアス期からベーリング亜間氷期への移行期には、おそらく遺跡付近はすでに氷床はないと推定している。これが正しいとすると、一万四〇〇〇年前から一万一七〇〇年前までの約二三〇〇年間に、ドナウの右岸五〇㎞付近から南に水平距離で約一三〇㎞、比高で約一四〇〇mも氷床は急激に後退したことになる。後退の実相は複雑であろうからあまり意味はないかも知れないが、単純に計算すると年平均で水平距離五六mの後退である。

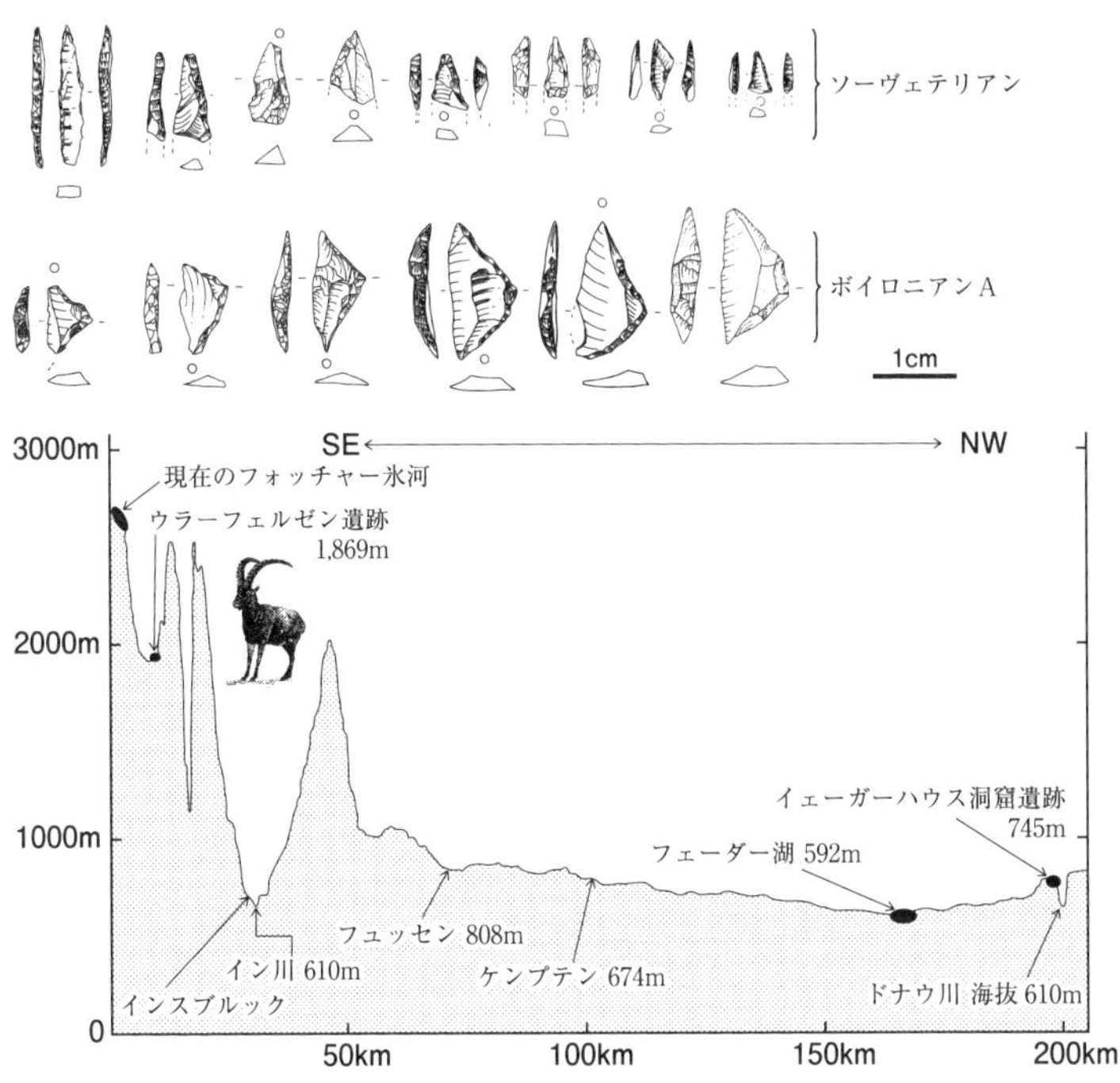

図27　ウラーフェルゼン遺跡とイェーガーハウス洞窟遺跡間の広がりと立地（小野2020a，一部追加）

両遺跡間を北東方向から見た地形の縦断面をあらわす.

ウラーフェルゼン遺跡に人類が最初に現れるのは約一万一二〇〇年前である。そのころ遺跡地はまだ森林限界よりも上に位置していた。つまり氷河はすでに融解して無氷ではあるが、まだ森林が遺跡地を覆うことはなかった。遺跡で発見された炭化材の分析の結果からヨーロッパハイマツ、マツ属、カバノキ属、ヤナギ属がみとめられ、周辺の林相の一部が推定された（Oeggle & Schoch 2011）。

ところでウラーフェルゼンには石器の製作技法と形態を異にする少なくとも二つの様相がある。両側縁に急角度の微細な二次加工を加えた尖頭細石器（さいせっき）の一群と、三角形細石器（トライアングル）の一群である。前者は北イタリア（南チロル）のソーヴェテリアン（ソーヴェテル文化 Sauveterrian）、後者は南ドイツ・ドナウ上流のボイロニアン（ボイロン文化 Beuronian）の指標石器である（図27）。文化伝統の異なる集団が同じ地点を繰り返し使用したということの証であろう（小野二〇二〇ａ）。

アルプスの小径と狩人

ウラーフェルゼン遺跡が調査されるまで、山岳のアルプスは集団の交流の障壁であり、アルプスを越える人の遠隔地間の移動は想定されていなかった。それにもかかわらず山岳地の分布調査を推進することになったのはなぜか。

それは、アルプス山頂のハウスラプヨッホの近く海抜三二一〇ｍの地点で、一九九一年九月一九日に下山中の登山者によって人間の遺体（ミイラ）が偶然発見されたことに端を発する。この発見で世界中の考古学界は大騒ぎになった（シュピンドラー一九九四）。ミイラの^{14}C年代は五三〇〇年前の新石器時代末で、学名はホモ・サピエンス・ティロリエンシス、俗称アイスマン、愛称エッツィーである。山頂に倒れた状態で突然姿をあらわしたのである。地元インスブルック大学が主に調査にたずさわったため、考古学研究室のスタッフは一挙に増えて強化され、山岳考古学の部門が増設された。二〇〇〇m級の山岳地の遺跡分布調査が実施され、その一環でウラーフェルゼン遺跡は一九九四年九月にプロジェクト責任者のD・シェーファー教授自身によって発見された。広域分布調査の結果、北アルプスと南アルプスの尾根上に合計二〇四カ所もの中石器時代遺跡が確認され、森林限界付近が遠隔地交流の道であったことが復元されている。

調査がさらに進むにつれて、むしろ当該の地域がアルプスの小径を越えて北から南からやってくる狩猟民の積極的なコンタクトゾーンを形成していたことが次第に明らかになってきたのである。

その証拠は石器用の石材に現れる。ウラーフェルゼン遺跡の広義の石器（仕上げられた石器だけでなく、人為的に割られた剥片もふくめた石器）の総数は七九五八点。そのうち南アルプスのフリント三二・九％、中央アルプスの水晶七・九％、北部アルプスの石灰岩地帯のラディオラライト三六・二％、ドイツ・バイエルンのフランケンアルプ／ケールハイムの角岩（かくがん）二二・四％である。ケールハイムの角岩はほとんどフリントに近い岩質で、ドナウの両岸にあって、ウラーフェルゼンから直線距離で二〇〇㎞もある。

つまり、周辺地域の石材だけでなく、遠隔地の各種石材も発見され、ウラーフェルゼンで石器の製作と調整など、道具の補修などをおこなった。さきに記した少なくとも二つの文化系統の異なる集団が狩猟活動のため季節的に利用した跡であることがわかった。さらに複数の小集団がさまざまな地域からやってきた。その結果、この地にはない石器用石材が多様に残されたのである。

キャンプ（遺跡）の選地は、地形や移動ルートによって一様ではないと思われるが、狩猟を中心とする生業戦略が規定要因であったとみると、さまざまな現象を整合的に説明できる。気候の回復にともなう森林限界の上昇に牽引されて生息域が変動する動物群、特にアルプスアイベックスを対象とする季節的狩猟活動が、遺跡立地の高所への移動の要因であると示唆されている（Schäfer, et al. 2016）。

それはどういうことか。ウラーフェルゼン遺跡は海抜一八六九ｍで、約九六〇〇年前である。これよりも下位のカーゼルアルム・シュローフェン遺跡はウラーフェルゼンよりも海抜が約一〇〇ｍ低く約九八〇〇年前である。ウラーフェルゼンよりも海抜高が約一九〇

〜二八〇m高い二つの遺跡は、フランツ・ゼンヒュッテという山小屋の近くにあり、約八二〇〇〜六五〇〇年前である。遺跡立地は年代の経過とともに高所に移動するが、これは気候の回復による森林限界の上昇とよく整合する。

それはまた、森林限界の上昇とともに、森林限界付近のパッチ状のハイマツ帯をふくむ草地に生息するアルプスアイベックスの生息域も高所に移動することを意味する。これは相関関係であると同時に明確な因果関係でもある。

ウラーフェルゼン遺跡では、地層の堆積条件から動物遺体の保存が悪く、アイベックスの骨は残っていない。ウラーフェルゼンと同時期で、他の条件も類似のイタリア・ドロミテ山岳地方にあるモンテヴァル・デ・ソーラ第一遺跡では、アルプスアイベックスが一二頭分発見されている。先のシェーファーの指摘をこの資料で補強できる。

森林帯の上方移動→アルプスアイベックスの高所移動→キャンプ地（遺跡）の高所移動の連鎖がどこまで連続し、どの時点で途切れるのか。

ドナウ川流域への回帰

完新世の初頭に氷河の後退が北チロルの山岳地にもおよび、森林限界も上昇する中で狩猟活動のキャンプ地の痕跡（遺跡）も次第に高地に移る。アルプスにおける過去の森林限界高度の研究は数多いが、正確な推移はまだはっきりしていないといわれている。しかし、概括的に復元されたデータによると五〇〇〇〜六〇〇〇年前ではおよそ海抜二三〇〇m付近と想定されている（Veit 2002）。

フォッチャー渓谷の最高所にあるフランツ・ゼンヒュッテ第一遺跡の形成後も、森林限界は上昇したので、アルプスアイベックスも連動して高所に生息したことが推測される。こんにちの事例であるが、スイス、サンモリッツ近郊のポントレジーナの山岳地では森林限界上の海抜二七五〇m付近までアルプスアイベックスの主要な生息地が上がっている（Holtmeier 1999）。

フランツ・ゼンヒュッテ第一遺跡の[14]C年代は早期中石器時代から晩期中石器時代への移行期と晩期中石器時代をしめしている。ところが本格的なアトランティック期の温暖期になるとフォッチャー渓谷からはもはや遺跡は発見されていない。

因果関係の破れ

キャンプ地の遺跡が残っていないのは、一連の因果関係が何らかの要因で破れたことを意味する。その理由は何か。ここで再びドナウ上流に臨む遺跡から北チロルの山岳地までを視野にいれて考える必要がでてくる。具体的な遺跡名では例えばイェーガーハウス洞窟遺跡とウラーフェルゼン遺跡までの広がりである。

ドナウ川上流に注目すると、早期中石器、晩期中石器時代をとおして極めて特徴のある遺物が分布する。コイ科ローチ属 *Rutilus rutilus* など、魚の歯に孔をあけて連ねた装飾品はである。この魚の自然分布はドナウに沿って幅広くハンガリーまで分布するが、装飾品は早期中石器時代には西はドナウの水源近くから東はインスブルックに西接するレック渓谷付近まで分布する。晩期中石器の時期には分布域がいっそうドナウ川流域に近づく。ドナウの左岸、オーリナシアンのライオンマンが発見されたホーレンシュタイン・シュターデル洞窟遺跡でも、晩期中石器時代に成人の男女と二歳くらいの幼児の計三つの頭骨だけをまとめた埋葬施設が発見されている。そのうち女性の頭骨の下からはコイ科の魚の歯に孔をあけ一二点を連ねた首飾りが発見されている。

ニューエルら（Newell, et al. 1990）は、この特徴ある装飾品を残した集団を「魚の歯バンドThe fish teeth band」と名付けているが、この呼称の当否はいま問題ではない。魚の歯に孔をあけた装飾品は、ヨーロッパではドナウ川上流域以外には全く存在せず、この地域特有の現象である。

プレボレアル期には広大な無氷空間となった高地に進出して季節的な狩猟活動を繰り返した集団が、アトランティック期にはアルプスアイベックスなどの森林限界付近に生息する動物の狩猟から、ボイロン文化集団の故地と推定されるドナウ川上流域の内水面漁撈に回帰して生業の一部を選択的に変革していったことを推測させる。これを媒介にして、山岳地における狩猟とその途絶を、魚の歯の装飾品の分布の拡大とドナウ流域への集中と関連させて相補的につかむことができる。完新世の本格的な温暖化によって、アトランティ

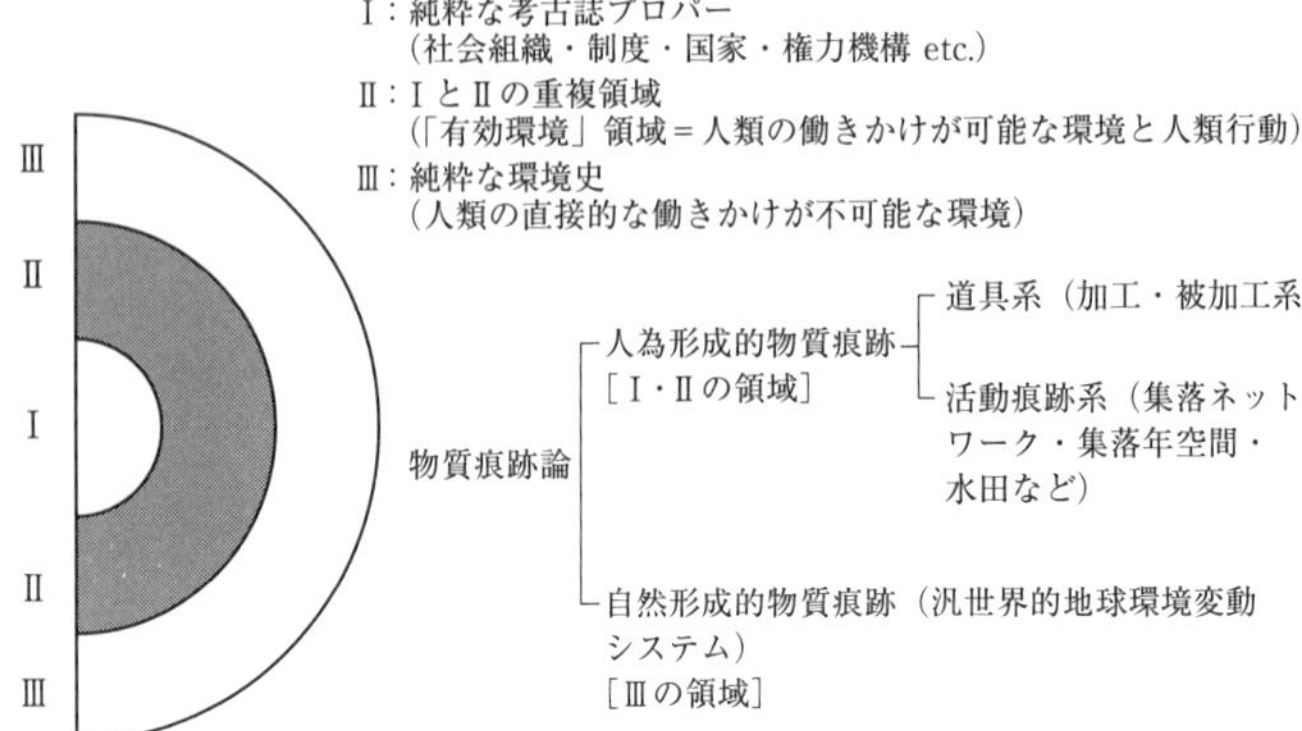

図28　資料の種類と研究領域の階層関係（小野 2009）

ック期に展開した多様な地域的生態環境に適応していったのである。

自然決定論から生物主導論へ

自然環境と人類との関係をみる視点は、自然決定論、相互論、生物主導論と三分して整理することができる。ただそれだけでは三つの論の看板が立っているだけである。図28をみよう。Ⅲは純粋な自然史的過程であり、人類にとってはマクロな条件として受け入れなければならない汎世界的な地球環境の変動システムなどをさす。Ⅰは狩猟対象などが少々変化しても容易に変わらない道具の製作体系など人類社会の独自性の面である。Ⅱは人間の働きかけが可能な有効環境（effective environment）である（Allee, et al. 1949）。自然の影響を受けながらも人類が制御可能なあるいは意識的な対応が可能な領域であり、環境と人類活動の相互の規定関係の解明の鍵を握る領域である（小野二〇〇九）。

フォッチャー渓谷でアトランティック期になるとキャンプ地（遺跡）の痕跡が途絶する現象の実体は、自然環境と人類活動の相互関係論を超えて、有効環境領域における生物主導論の具体的例証として方法上の大きな意味をしめしている。

農耕民と狩猟民

アルプスの北回りルート

中部ヨーロッパに農耕社会が成立する大きな転換は、西アジアに発する有畜農耕民の大規模な移住によって説明されてきた。この歴史的な変革は久しく象徴的に〝新石器革命〟とか〝新しい世界の創造〟とも呼ばれ、用語は定着しこんにちにいたっている。もちろん集団移住の規模、移動と伝播のルート、先住の中石器時代の狩猟採集民との接触や相互関係は、研究史的にも総論と個別地域の実態の両面において膨大な蓄積と、それに対応して諸説がある。

従来の考古学的な遺跡遺物からの接近とは独立に、近年では人類集団の遺伝学的研究の成果が牽引して、大きなストーリーを描く際の基本的な枠組みを提供している。アナトリア（小アジア）を経由して西アジアの新石器時代の農耕文化がバルカン半島に入ってくるのはおよそ八五〇〇年前のことである。このスタルチェヴォ／ケレーシュ文化には、穀物としてのコムギ、オオムギ、家畜としてのウシ、ヒツジ、ヤギ、ブタ、イヌが知られている（Jankuhn 1969）。

そのあとに西へと拡散するが二つの経路をとる。一つはアルプスのはるか南を地中海沿いに植民しながら移住してイベリア半島の西端のポルトガルまで広がる。もう一方は、アルプスの北を回ってドナウに沿って拡散した。ハンガリー平原を通って七五〇〇年前頃にはドナウの上流域を越えて数百年でパリ盆地まで広がる。線帯紋土器文化（Linearbandkeramik：ＬＢＫ）として著名で、その名のとおり線帯紋土器を指標とする。

二つのルートを経て中部ヨーロッパからヨーロッパ西部に広がった初期の農耕文化は、アナトリアからの農耕民の集団的な移住によるものであることが古人骨のＤＮＡ分析から解明されている。先住の中石器時代狩猟民の世界に農耕民が大規模に入植してきたのだが、遺伝的な交雑は限定的であったことが解明されている（Haak, et al. 2015）。大枠で従来からいわれてきたことが追証明されたといえるだろう。

それでは、アルプスの北を回ってドナウ川に沿って拡散した有畜農耕民と、先住の中石器時代の狩猟民の関係はどこまでわかっているのだろうか。ドナウの上流域でそれを見ることにしよう。ドナウ川の右岸は旧石器時代も長く氷河に覆われていたが、後氷期になって氷河が退き、中石器時代の集団の生活領域となっていた中に、新石器時代農耕民の遺跡がどのように分布するのか。Ｐ・ヴィッシェンバールトによる地域研究の成果が示唆的である（Wischenbarth 1995）。

リス―レック平地

ウルム市の西にあるアッハ渓谷と、同市の北東にあるローネ渓谷はシュヴァーベン地方の旧石器時代の遺跡の集中する重要地域ですでに詳細にみたとおりである。ドナウ川の右岸に沿ってウルム市からドナウヴェールト市まで下る東西方向の広がりは、リス―レック平地と呼ばれる。

「リス―レック平地」とはいえ、平坦ではなく起伏はある。ドナウの右岸には、氷河が南に退いていった後氷期にはレスの堆積物が残された。その平坦部分に最初の農耕民が居住したのである。レスの堆積物が耕地として適していたからである。農耕民が移住してくる前、そこは中石器時代狩猟民の世界であった。そこには中石器時代の後期から末葉にかけて一〇カ所の遺跡がある。一方新石器時代の住民の土器（線帯紋土器）をともなう遺跡は一五カ所ある。

全体的な傾向をみると、農耕民の居住が一番早く始まるのが、シュヴァーベンの中級山地や丘陵地帯で約七七〇〇～七八〇〇年前である。その次がリス―レック平地で約七二〇〇年前である。その南のアルゴイ地方はそれよりも遅れて約六五〇〇年前かもしれない。

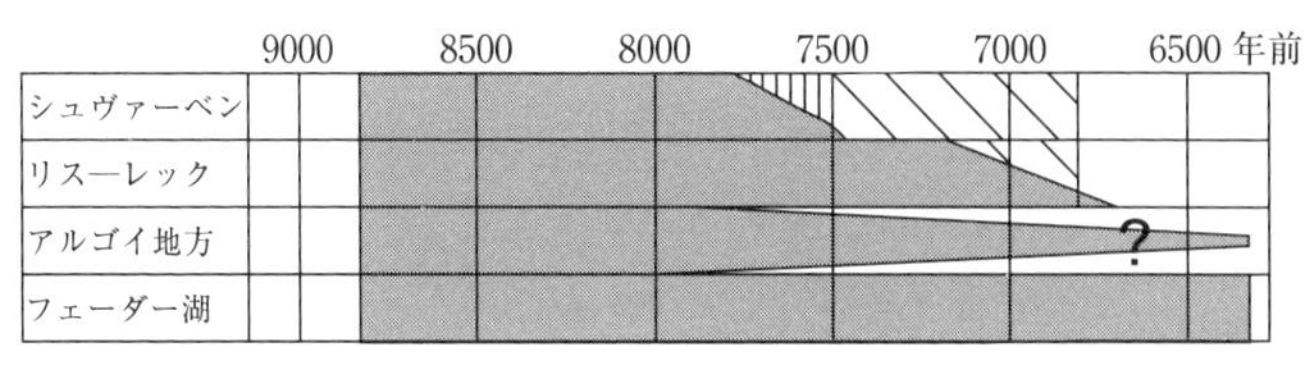

図29　中石器—新石器時代移行期の地域による時間差モデル
（Wischenbarth 1995）

リス—レック平地の西端からさらに一〇㎞ほどドナウ川の上流に行くと、ドナウ上流域の新石器時代の特徴的で重要な遺跡が集中するフェーダー湖（ゼー）があるが、約六五〇〇年前でも中石器時代の生活が続いているように表現されている（図29）。ただ、フェーダー湖現地の調査結果によると、最古の新石器時代の居住は六五〇〇年前と報告されている（Keefer 1992）。

細かな点の違いはあるが、農耕民の西方への進出が、ドナウ上流域ではまずドナウ左岸のシュヴァーベン地方に早く広がり、それから右岸へと展開し、そこからさらに源流域方面に展開するまでには約一〇〇〇年近くの時間差があることを明瞭にしめしている。

リス—レック平地を例にややミクロに様相を見ると、レスの分布と農耕民の集落の立地の強い相関が分布としてわかる。それに対して中石器時代末の集団にあっては、生業におけるレス堆積物との結びつきの因果関係はない

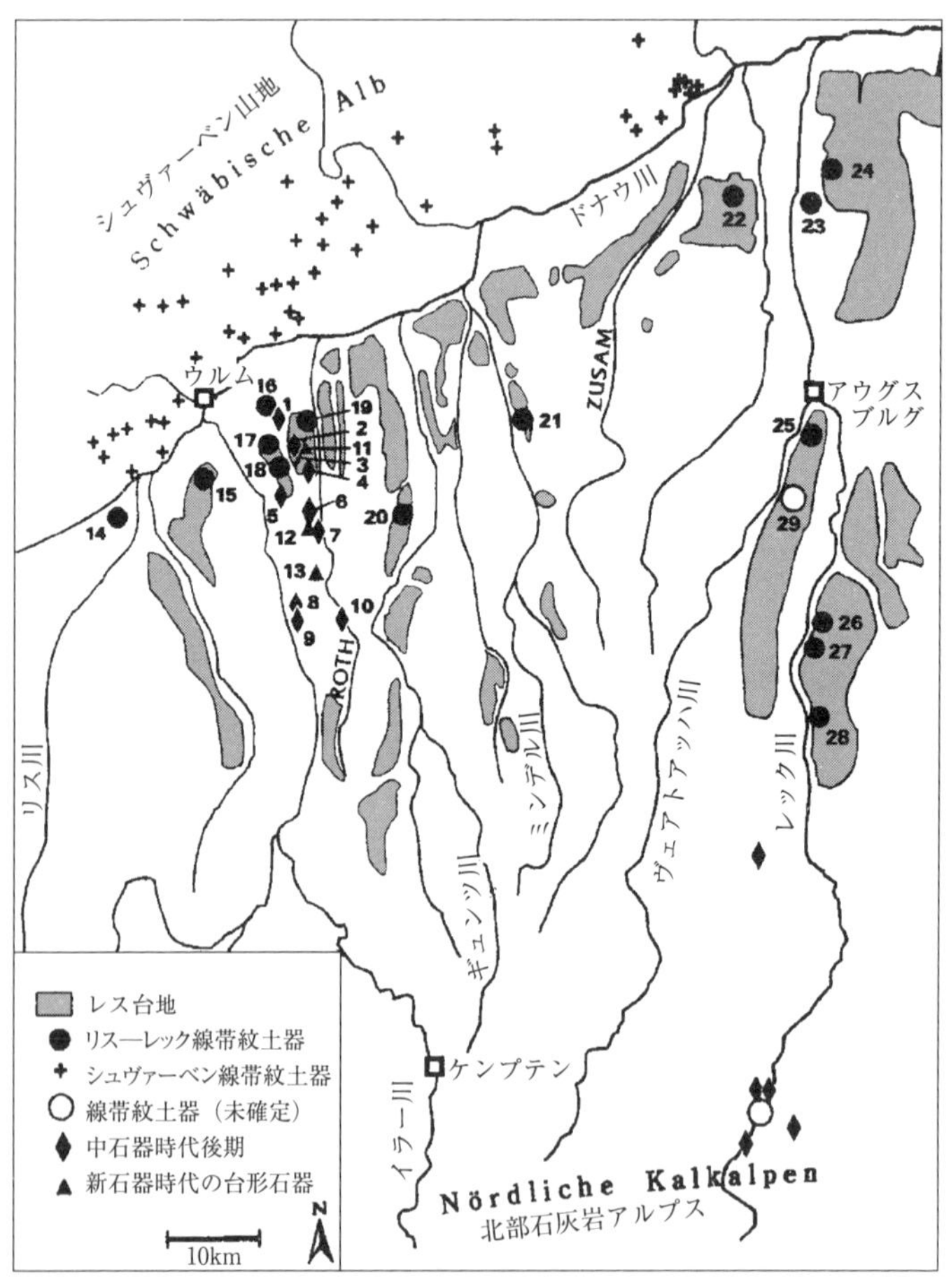

図30　レスの分布と農耕民の集落の強い結びつき（Wischenbarth 1995）

ことがわかる（図30）。

中石器時代の狩猟採集民の遺跡はレス地帯に分布しない。いっぽう新石器時代の農耕民の遺跡は農耕に適した肥沃なレス地帯に分布する。つまりレス地帯を介在させると、中石器時代と新石器時代の遺跡の分布は排他的な分布をしめすことからさまざまな解釈がだされてきた。中には立地の違いから中石器時代の人びとは絶滅したという極端な解釈も一九六〇年代にはあった。E・ザンクマイスター（Sangmeister 1983）は接触による変容を三つのモデルでしめしている（図31）。

関係のモデル化

対応のモデルの第一は、移住してきた農耕民に対して狩猟採集民はいずこかに逃れ去る。第二のモデルは、一部の狩猟採集民は逃れる。別の集団は移動を繰り返す中で農耕民の文化の恩恵を受ける。第三のモデルはすべての先住狩猟採集民が農耕民となる。狩猟採集民があちこちに移動する過程で自分たちの固有の文化的遺産に農耕を加えて新しい文化伝統を成立させたと考えるのである。

現在の研究成果からすると、第三のモデルは中石器時代の狩猟採集民が内在的に農耕民に展開する像であり、もはや成り立たない。第一のモデルは異なる集団どうしの最初の接触の場面ではありうる想定ではある。だが、避けて逃れていった狩猟民がどのようになるのか。離散し縮小して消える運命をたどるかのように思われてしまう。その後明らかにさ

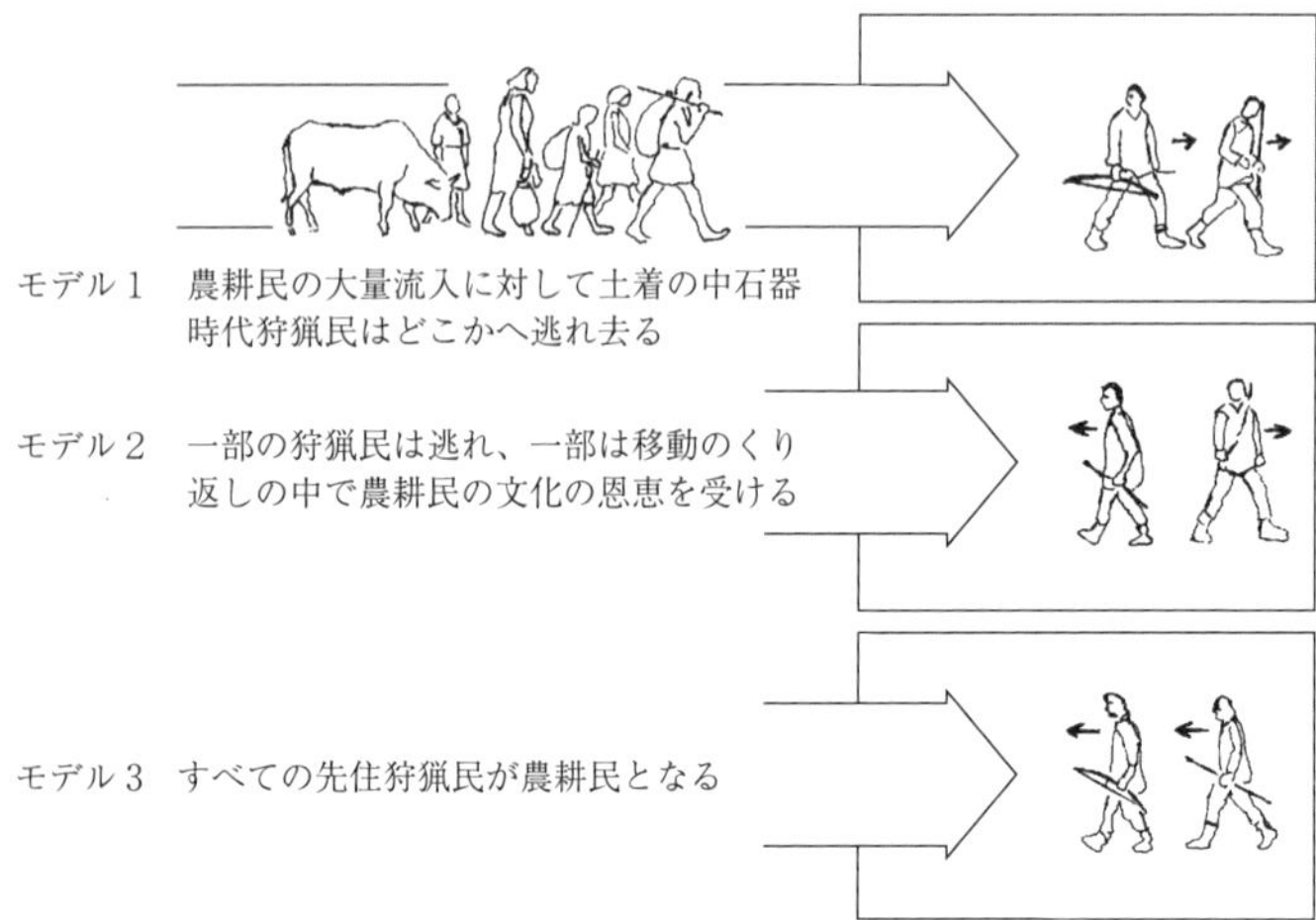
モデル１　農耕民の大量流入に対して土着の中石器時代狩猟民はどこかへ逃れ去る
モデル２　一部の狩猟民は逃れ、一部は移動のくり返しの中で農耕民の文化の恩恵を受ける
モデル３　すべての先住狩猟民が農耕民となる

図31　農耕民の流入に対する狩猟民の対応モデル（Müller-Beck <Hrsg.> 1983, 一部追加）

れたのは、シュヴァーベン地域とリスーレック平地における中石器時代の狩猟採集民と新石器時代農耕民は一定期間併存するということだ。

つまり、第二のモデルで両者の関係を考えるのが現象を説明しやすい。例えば、ラウターエッック岩陰遺跡（図１の９番）のＥ層をすぐ連続して覆うＤ層で最古の線帯紋土器が発見されているが、これはドナウ源流域の奥深い小規模な岩陰の居住域で農耕が開始された証拠ではなく、ドナウ川をさかのぼって拡散する畜農耕民との接触があったことの証である。

リスーレック平地の事例研究の成果によると、中石器時代から新石器時代への転換には五〇〇〇年から六〇〇〇年くらいを要したのではないかとヴィッシェンバールトは推定している。また同地域では線帯紋様土器の住居数は多くはなく、その約六〇%近くは重複せずに一回限りの居住である。狩猟民が農耕民へ移行するには数百年を要しただろうと、大胆に推定している（Wischenbarth 1995）。

ドナウ川上流域の新石器時代の特徴

中部ヨーロッパの特徴　中部ヨーロッパの新石器時代の細分は放射性炭素年代によって数値年代でしめすことはできるが、時間だけでなく空間的な広がりとセットでつかまなければならないので、区分の大元はやはり土器である。土器は存在しない形を粘土から作り上げ、装飾を施すので、石器に比べ器体に表現された多様な変化を追いやすい。これは中部ヨーロッパに限らず世界中でどこでも同じである。日本の縄文土器の編年ほど詳細に編年はされていないが、新石器時代の初期から晩期を経て初期青銅器時代まで多様な土器名を冠した文化が継続する（Lüning 2003）。

ドナウの上流域にいくまえに、共通する一般的なことをみよう。ドイツをふくむ中部ヨーロッパに広がる最古の新石器時代の土器は帯紋土器と呼ばれるが、施文は並行する三本の沈線を器面に帯状に巡らせたものであるので線帯紋土器と呼ぶ。ごくわずかであるが大きめの刺突を配した例もある。これらの施文の基本は分布の全域に共通する（図32）。地域的な変異が表れてくるのはそれ以降の段階である。

住居は掘っ立て柱の数十mにおよぶ長大な建物で、発掘の結果重複して複雑に重なる柱穴の位置などから、建物の建て替えはすぐ近くに立て直す場合、近隣に移る場合、六〇年くらいの時間の間隔で一〇km程度離れた地点間を回帰する場合などのモデルが考えられる。

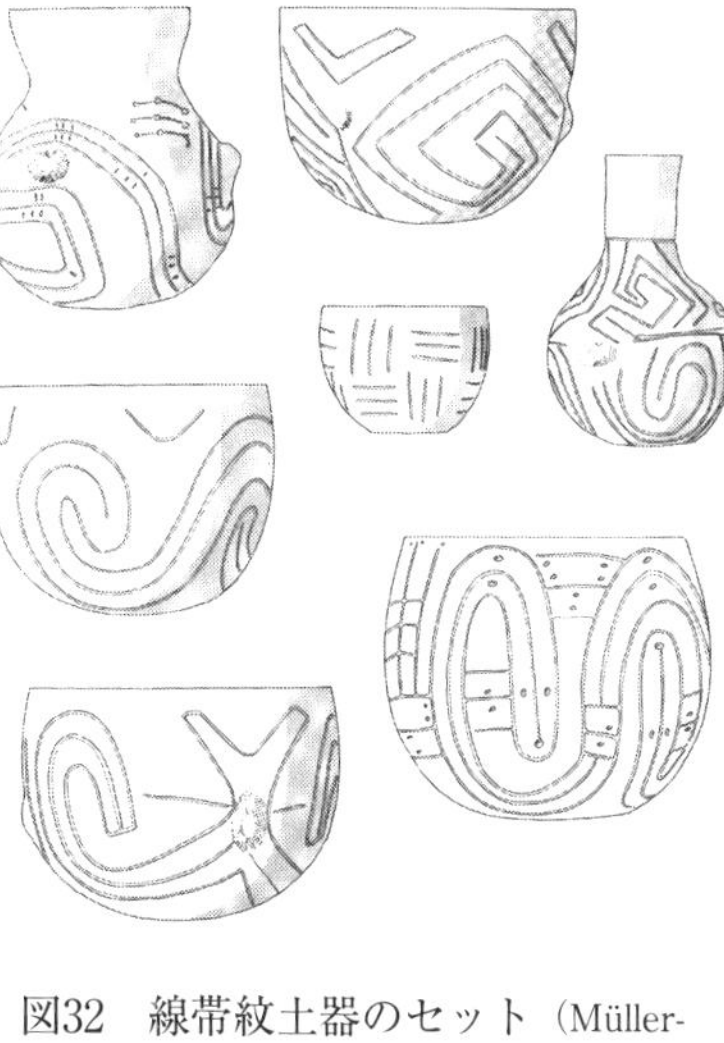

図32　線帯紋土器のセット（Müller-Beck <Hrsg.> 1983）
カップ，深鉢，フラスコ状など

また、穀物の収穫は畑地を明確に作ることなく、森林を焼き払い伐採した開地を利用したと想定されている。収穫はフリントの小石刃を埋め込んだ木製の鎌を使い、根刈ではなく穂首を刈ったと想定されている（図33）（Sangmeister 1983）。

新石器時代を大きく前期、中期、晩期に三分して、その中でドナウの上流と源流域の様相をみると、前期

図33　穀類の収穫（Müller-Beck <Hrsg.> 1983）

（約七五〇〇〜七〇〇〇年前）には、最古の線帯紋土器の分布の南限がドナウ上流の右岸まで伸びる。だが、ドナウの源流域までは到達していない。そこはまだ中石器時代末葉の世界が広がっていたようである。

中期（約七〇〇〇〜六四〇〇年前）には、刺突帯紋（しとつたいもん）土器 Stichbandkeramik と呼ばれる土器の分布圏の南限がドナウの上流の右岸地域にまで広がる。これは、帯紋土器の帯に当たる部分に刺突による三列程度の列点紋を施す紋様に変化した土器である。ただ、ドナウの源流域には線帯紋土器から発展した別のレスナー・スタイルと呼ばれる土器の分布圏がある。

晩期（約四八〇〇〜四二〇〇年前）には、ドナウ上流から源流域の右岸まで撚糸紋（よりいともん）土器 Schnurkeramik が分布する。この土器文化圏はさらにドイツ・オーストリア・スイスの国境にあるボーデン湖からスイスのベルンまで広がった。この土器は北のデンマーク南部まで広がるが、ドイツ中南部からチェコのボヘミア盆地付近までは、土器の器面に撚糸を口縁部に並行して横方向に多段に押圧して施文するのが特徴である（Lüning 2003）。

それでは、次にまずフェーダー湖周辺の湿地に営まれた新石器時代中期末から新石器時代晩期までのユニークな住居や集落をみる。その後でフリントの採掘と流通で注目されてきた新石器時代中期のアルンホーフェン遺跡のようすをみよう。

ドナウ川上流のフェーダー湖

ウルム市からドナウ川を南西方向に四四㎞ほどさかのぼった右岸の近くに、ヴュルム氷期の氷河が南に退いていった後に残ったフェーダー湖がある。いま湖面の広さは東西二・五㎞、南北一㎞と小さいが、完新世の初頭にはその約三〇倍の広がりがあった。その後次第に泥炭の堆積に覆われた湿地となり、広がりは現在東西五㎞、南北一三㎞におよぶ。

レス地帯の新石器時代遺跡の発掘では住居の構造物はほとんど残らず、柱の穴しか認められない。南ドイツでも同じであるが、フェーダー湖の周辺の泥炭湿地は別である。木造の住居の部材や住居をめぐるさまざまな木造施設や構造物が泥炭の厚い堆積で保存されよく残されているからである。そのため一九世紀の中頃から注目され始め一九二〇年代にはいくつもの杭上住居・湿地の住居の調査がおこなわれた。フェーダー湖周辺は、他の地域では失われてしまった住居の上屋の構造や集落をめぐる施設の復元などに、実資料を提示できる例として大きな注目を集めたのである。

実は一八五三年から五四年にかけてヨーロッパの冬が異常に乾燥し、アルプス地方の湖の水位が著しく低下した。そのため水面下にあった木杭の密集した状況が地上に突き出て、一望のもとに広がった。これを契機として一九世紀の中頃にはヨーロッパ中を杭上住居フィーバーが席巻した。フェーダー湖周辺でも杭上住居が発見され〝シュヴァーベンのポンペイ〟と新聞などで宣伝されて大騒ぎになったのである。

アイヒビュール

フェーダー湖の湿地で発見された新石器時代の住居・集落で最もよく知られたのがアイヒビュール遺跡である。いまでは新石器時代中期末のおよそ六千数百年前のアイヒビュール文化の標識遺跡となり、ドナウ上流右岸の新石器時代を代表する遺跡である。

一八七五―一八七七年に発見され、学問的に調査された最初の湿地中の遺跡として、その後長く先史時代の木造の家屋のモデルとして認められてきた。湿地に残る居住遺跡を集落の考古学として学問的にとらえる調査がはじまったのは一九一九年から一九三〇年までの期間である。発見の早かったアイヒビュール遺跡も同じである。

一九二〇年代の杭上住居の復元は、一九世紀中ごろ以降の「杭上住居フィーバー」の影響で、何かロマンティックな感情をかきたて、湖の上に杭を打ってその上に家を建てたような復元が非常に多い。まさに湖上住居であり、交通は舟を使った生活を描いている。ア

図34　アイヒビュールの集落遺跡の復元（Keefer <Hrsg.> 1992）

イヒビュールの発掘の成果もそのように復元され、スイスとドイツの国境にあるボーデン湖に住居が復元され、絵葉書なども多く出回っていた。

実際の調査にもとづく復元は泥炭湿地との戦いで非常にむずかしいものであった。だが、調査の学問的なあつかいからはなれて不明の部分であっても想定で描くなど、学問と復元の間の著しい乖離が生じていた。調査当時の資料にもとづいて復元を点検できればよかったが、第二次大戦と戦後の混乱によって不可能となり、アイヒビュール遺跡の調査資料の多くは失われた。

アイヒビュールは湿地に築かれた集落遺跡であるが、当時は決して湖上に浮かぶ集落ではなく、水辺にある陸域の遺跡で、合計二六棟の方形プランの住居立ち並ぶ図面が調査の成果である。それにもとづいて復元図が描かれ、中央に「集会所のホール」、その近くに集落の「指導者の大きな家」があると解釈された（図34）。

すべて妻入りの構造の長方形の建物で、桁行（けたゆき）の方向はそろっているが稠密に立ち並んでいて一部は重複もしているので、今日の考古学の目で見ると二六棟が同時に建並んでいた可能性はほとんどないだろうといわれている（Keefer 1992）。

東に隣接するリートシャッヘン遺跡の調査成果から、アイヒビュール文化は二時期に分けられる。リートシャッヘンⅠ期はアイヒビュール文化の最初の様相である。Ⅱ期は少なくとも一一棟が同時にあり、集落の周囲に防御の柵を巡らせた最初の時期であると現在理解されている。アイヒビュールの集落の復元図は、陸上にあるように正しく描かれた復元図だけでもかなりの数にのぼるだろう。

活躍する助手ハンス・ライナート

湿地の遺跡調査はこんにちでも調査体制、予算など、さまざまの条件が整わないと実現できないし、排水をはじめ技術的にも工夫が必要である。一九二〇年代のフェーダー湖周辺の湿地の調査は、困難な中で広い範囲で精力的に進められた。現地の「古代学協会」や「郷土博物館」などの支援も大きく寄与したが、テュービンゲン大学考古学研究室も大いに貢献した。

実際に発掘の指揮をとり活躍したのは、旧石器時代研究で著名な教授R・R・シュミットのもとにいた助手のハンス・ライナート（一九〇〇－一九九〇）である。湿地特有の水の処理と木質の住居遺構の保存や遺跡の層位区分、遺構と遺物の共伴関係の把握などで苦労しながら奮闘する姿は、一九二三年八月にテュービンゲン大学で開催された学会の後、遺跡巡検に参加した考古学者大山柏（おおやまかしわ）（一八八九－一九六九）の参加記に活写されている（大山一九三二）。大山は陸軍大臣大山巌（いわお）の次男で柏も陸軍の軍人であったが、一九二三年に考古学の研究のためにベルリンに留学している。

こうしてライナートは一九二〇年代のフェーダー湖における杭上住居や湿原に展開する新石器時代、青銅器時代の住居や集落の発掘調査と実証的な研究で活躍した。スイスの杭上住居の調査にもたずさわった。だが、その後テュービンゲン大学に残ることができず、すでに一九三一年にはヒトラーの国民社会主義ドイツ労働者党（NSDAP、ナチ党）に接近し入党。三三年から三四年には帝国先史部門の教授となり、三四年には三四才の若さでたちまちベルリン大学の先史学の正教授に就任した。その後四五年の敗戦まで教授職にあって、ナチ党の考古学・先史学部門の頂点に君臨した。

アルフレート・ローゼンベルクの機関である「全国指導者ローゼンベルク特捜隊（ERR）」にも所属した。この機関はローゼンベルク局長の指揮下にヨーロッパの美術品、芸

図35　G.スモラ教授（1919-2006）

術品、文化遺産、文献などの略奪をおこなった機関である。一九四〇年以降には七つの幕僚部がパリに設置された。ライナートはその一つである「先史担当特務幕僚部」の隊長として、国内外の考古学の成果を政局のプロパガンダに乱用し続けた。

占領東方地域担当大臣であったローゼンベルクは、ドイツの戦争犯罪を裁くニュルンベルクの国際軍事裁判で、捕虜と住民虐殺、財宝略奪の罪で死刑判決をうけ一九四六年一〇月一六日に処刑。ライナートは逮捕されて公職を追放され、市民権も剥奪されたが国外追放とはならなかった。

わたしは一九七九年の冬学期、フランクフルト大学の考古学の方法論のゼミナールに参加し報告もしたが、あるときゼミが終わって、受け入れの教授であったG・スモラ先生（図35）と二人で外にでた。その時のゼミのテーマはG・コッシナ（一八五八－一九三一）の住地考古学の方法の話であった。住地考古学の方法とは簡単にいえば、明確に区分された特定の遺物の分布は文化領域であり、それは常に特定の民族の分布域と一致するというテーゼであらわされる。コッシナは文献学者、考古学者として遺物と民族の分布の連携を意識的に結びつけた。

ナチスが政権を奪取したときにはコッシナはすでに没していたが、このテーゼはナチ政権によって悪用された。その関連から突然、「ところできみ、ハンス・ライナートはいまボーデン湖に臨む（スイスとの）国境の町コンスタンツに隠居しているから、会いに行ってみるかね？」と、冗談とも本気ともとりかねる問いかけに面食らった。第二次大戦時のドイツにおける政治と科学、特に考古学との関連を研究の課題として、何本か論文でも書いている身ならば、恐怖を殺し蛮勇を奮って質問にでかけることもあり得ただろう。だが、そういう目的の留学ではないので、お断りした。曖昧な返事やアジア的で無意味な薄笑いは禁物である。車で近くまで来ましたので茶飲み話に寄りました、と老ライナートに面会することなどあり得ないしわざである。

一九七九年以降の調査の進展

フェーダー湖周辺の泥炭湿地の調査は第二次大戦をはさんで、戦後はあまり進捗していなかった。しかし一九七九年にバーデンヴュルテンベルク州記念物局による「プロジェクト：ボーデン湖―上部シュヴァーベン」がスタートした。西のボーデン湖から東のフェーダー湖の間に広がる先史時代の湖岸の集落と湿地の集落の組織的な調査がはじまったのである。

しかし、戦前の調査との関連を正確につかむことはできないことがわかった。それは調

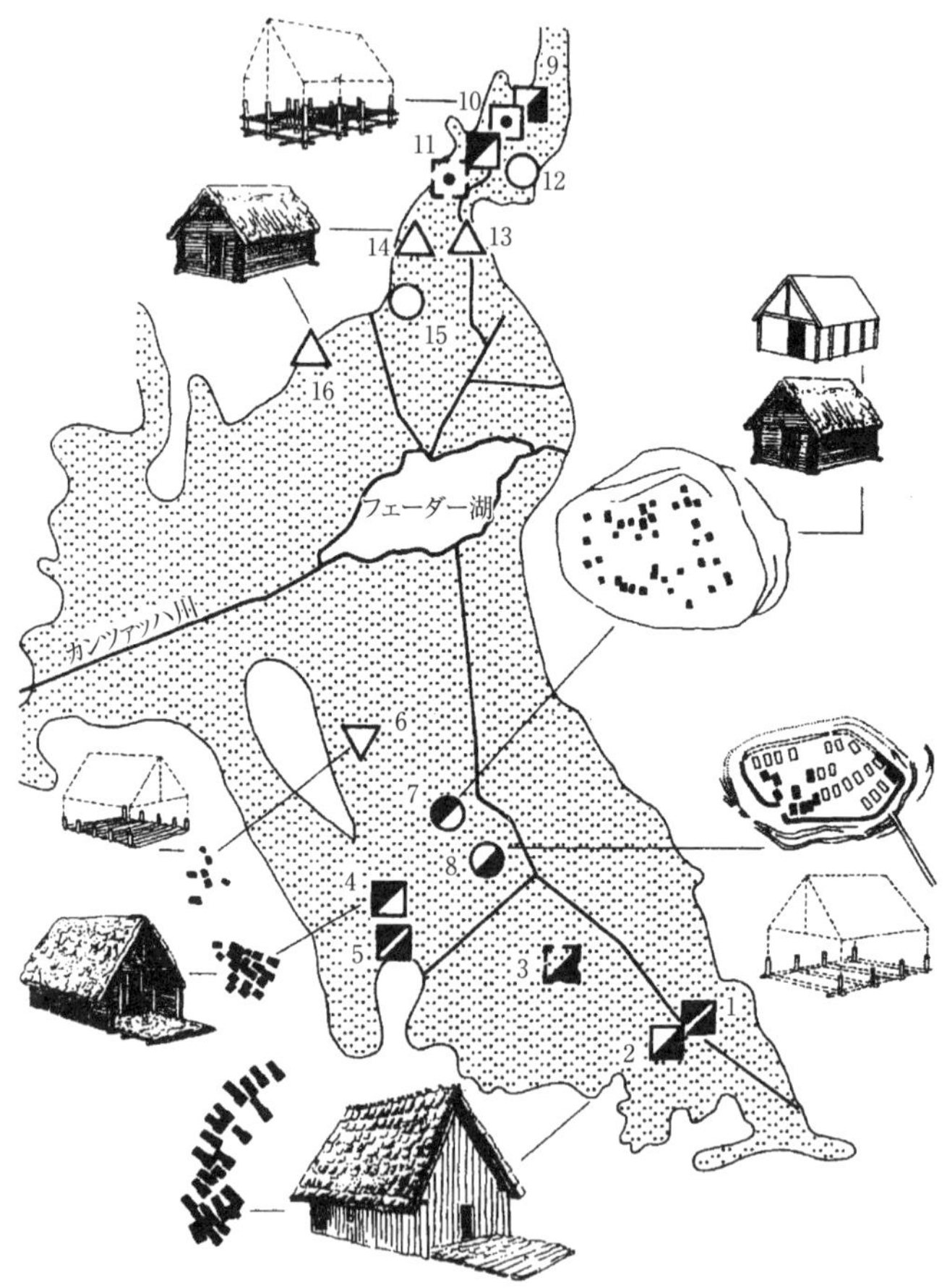

図36　フェーダー湖の新石器・青銅器時代の住居と集落
(Keefer <Hrsg.> 1992)

1リートシャッヘン　2アイヒビュール　3ヴィルデスリート　4タウプリート
5ヘーナウホーフ　6ドゥレンリート　7ヴァッサーブルク
8ジードゥルンクフォルシュナー　9アーヴィーゼン　10エーデンアーレン
11ハルトエシュレ　12シュトックヴィーゼン　13アッハヴィーゼン
14グルントヴィーゼン　15フロスヴィーゼン　16テッシェンヴィーゼン
17アレスハウゼン・リートヴーゼン

査後四〇年以上が経過し、調査事例に比してわずかしか正式な報告が出版されていないためと、調査の図面やデータが戦争と戦後の混乱で失われるなど、当時の成果は利用できなくなっていたためである。

一九八三年からはドイツ学術振興会の重点研究「アルプス北麓における住地考古学的研究」プロジェクトの支援もうけ、フライブルク大学からは花粉分析のチームが加わった。その結果フェーダー湖の北端の湿地帯で新たな遺跡の発見が続いた（図36）。湿地で木質資料の保存が良いため遺跡の年代学的な研究には年輪年代学の調査が進められた。ハイデルベルク大学の年輪年代学研究室の調査の結果、アイヒビュールでは紀元前四二〇〇年、今からおよそ六二〇〇年前という最古の年代が得られた。一九二〇年代の調査からの経緯を合わせると、アイヒビュール遺跡における人類の居住の年代幅は二〇〇〇年以上におよび、この間に断続的に集落が営まれたことが明らかになってきた。

成果の編年

一九九〇年代までの、フェーダー湖周辺の湿地における新石器時代の編年は図37（Schlichterle 1992）に集約される。

湿地全域で最古の居住の証拠はレスナー文化の時期で、刺突をモチーフとする帯紋土器を特徴とするがここではわずかの土器片が知られるだけで住居の詳細は不明である。年代は約六五〇〇年前にさかのぼる。

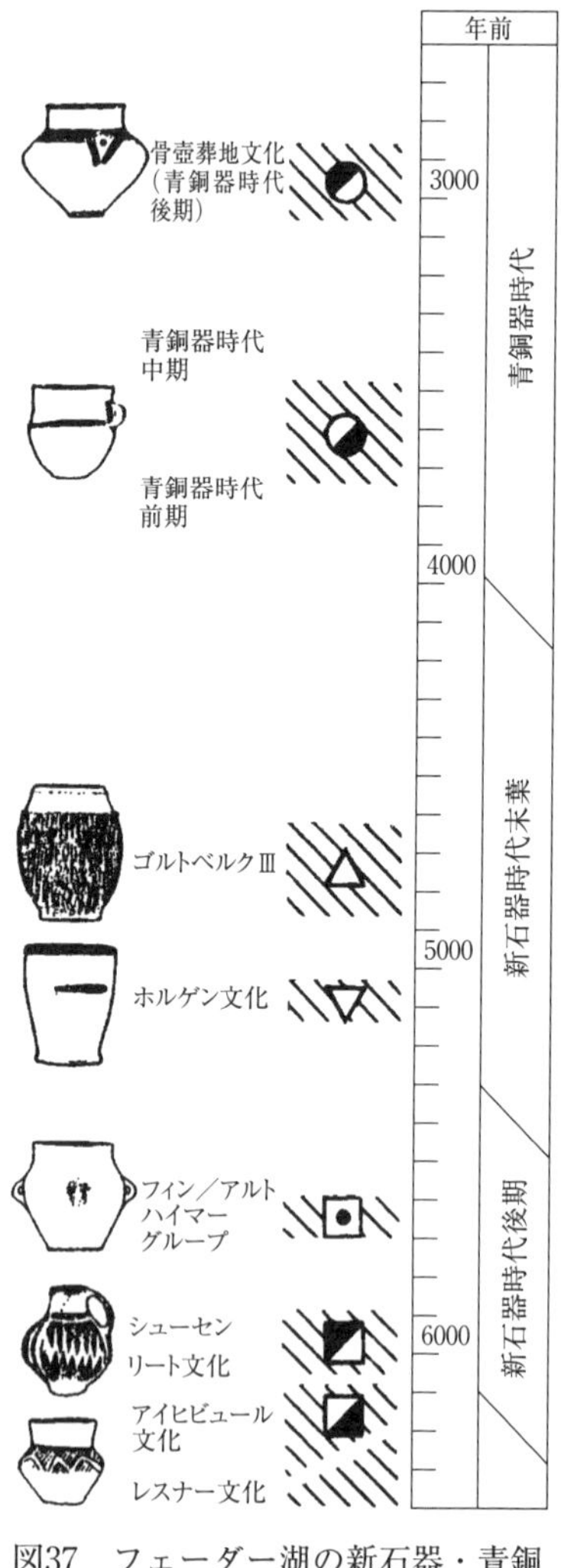

図37　フェーダー湖の新石器・青銅器時代の編年（Keefer <Hrsg.> 1992）

これに後続するのがアイヒビュール文化（新石器時代中期末）で約六二〇〇年前にさかのぼる。フェーダー湖周辺でこの時期に属する遺跡は少なくとも五カ所あるといわれている。

アイヒビュール文化に続くシューセンリート文化（新石器時代後期）は、オーク材の年輪年代計測の結果約六〇〇〇年前と判定された。木質資料の保存がいい湿地の特徴をいかして多数の年輪年代の測定がおこなわれ成果をあげている。

シューセンリート文化に続くフィン／アルトハイマーグループ（新石器時代後期）に属

するエーデンアーレン遺跡は今まで知られていなかった新発見の遺跡であるが、鍵になる遺跡で年代は約五七〇〇年前である。フェーダー湖の北三・五㎞の地点にあって当時の耕地、栽培植物、家畜などの情報が得られた（図36の10番）。

栽培にかかわる耕地は集落の北と西に接して、氷河が後退した後に残していったモレーンの土壌が選択されたことがわかった。現在の湿地下に栽培が可能な土壌が展開していたのである。主要な栽培植物はハダカコムギでそれに続いてヒトツブコムギ、エンマーコムギ、オオムギである。またゴミや排泄物の影響で付近が富栄養化していたようで、住居跡近くから、春撒きの夏の作物につきまとう雑草群の中にあるキンポウゲ、センダングサも検出された（Maier 1992）。

発見された動物骨は最小個体数ではなく骨の破片数で二一二七点あり、家畜が八六・八％である。ウシ、ブタ、ウマが主体であるが、ヒツジ、ヤギも数％を占める。現在湿地になっているので、魚や鳥類がさぞ多いだろうと思い込むが、発掘の結果は両方合わせて一・一％を占めるに過ぎなかった（Kokabi 1992）。

このエーデンアーレン（フィン／アルトハイマーグループ）に後続して、新石器文化晩期のホルゲン文化（約五一〇〇年前）とゴルトベルクⅢグループ（約四七〇〇～四八〇〇年前）が続く。こうして一九八〇年代から九〇年代の調査はフェーダー湖の新石器時代の理解に新しい成果をあげた。ただ、現状ではなお新石器時代末から青銅器時代の始まりまでの間の様相が未解明で、今後の調査に課題が残されている。編年表でもこの部分が空白になっている。

杭上住居か湖岸の住居か

アルプスの周辺に広がる湖岸や湿地の遺跡が二〇一一年に「アルプス周辺の先史時代杭上建造物群」としてユネスコの世界文化遺産に登録された。フェーダー湖だけでなく、こうした住居あるいは集落はどのように呼ぶべきだろうか。

ヨーロッパアルプスを囲む東西南北にはおよそ五〇〇カ所の湖岸の住居遺跡があるといわれている。そのうちの一一一遺跡を構成資産として申請し世界遺産に登録された。これにはスイス、南ドイツをはじめ、数多くの湖岸遺跡における水中考古学の発掘成果が大きく貢献している。文化財保護法が異なる複数の国の遺跡群の成果を取りまとめ、申請の実務を担ったスイスのベルン市文化財保護局は苦労したと当時聞いた。

杭上住居でなく、湖岸の住居あるいは湿地住居と呼ぶ方がふさわしいという意見も多い。それは一九世紀から二〇世紀初頭にかけてのロマンティシズムに影響された、学問的には不正確な、文字通り湖に浮かぶ住居を想起させるからとの理由である。杭上住居は、最古の例のアイヒビュール遺跡（新石器時代中期末）から青銅器時代末まで継続する。多様な地域の多様な湖岸と湿地にある住居の建物の構造は、あれかこれかで峻別できるものでなく変異が大きい。

調査結果をもとに住居構造がどのように復元されてきたかを研究史の中にみるとそれがよくわかる。図38にみるように、最初の発見直後（一八五四年）はF・ケラーの復元では湖の上に浮かぶように杭上住居がしめされている。一九二二年のH・ライナートによる復元では湖岸に杭上住居が復元され、湖水面が上昇した時には湖上の住居となるような理由

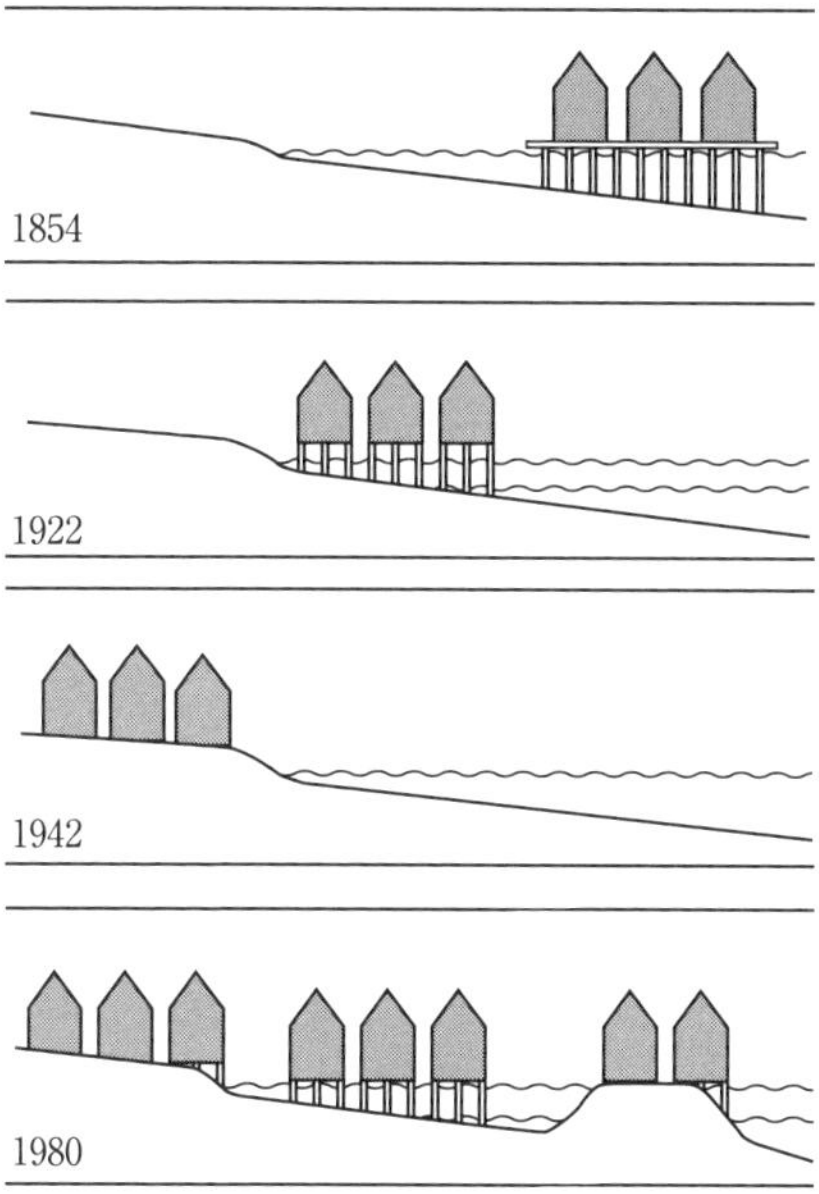

1854

1922

1942

1980

図38　研究史にみる湖岸の住居の立地に関する理解（Schlichtherle 1997）

付けがおこなわれた。一九四二年にはライナートの復元を批判したO・ラエトは、湖上の住居などはロマンティシズムの虚妄であるとしてこれを退け、一九五三年にはE・フォークトも中部ヨーロッパでは湖に浮かぶような杭上住居の存在は証明できないと批判した。

一九七〇年以降は国際的な研究プロジェクトの推進によって、（1）平坦で水没の危険のない立地の場合は木材を横に並べてその上に上屋を建て、やや斜面では一部に杭を立てる湖岸の住居、（2）同じように平坦あるいはごくゆるい傾斜地でも湖の浅瀬に杭上住居が建てられる場合のあることがわかった。つまり、湖面が上昇するときは湖上に浮かぶ杭上住居の姿をしめし、また湖の中の島状になった立地で階段テラスのような傾斜地では一部水の中に杭が立ち並ぶようになることがわかった。

住居が立地する微地形と湖水面の時期的な上昇・下降によっていろいろな形をとることが解明されたのである（Schlichtherle 1997）。いずれの場合でも住居の建築に杭状の部材を多用しているので、杭上住居として概括的に理解し、正確に知ろうと思えば面倒でも遺跡の発掘報告書に当たらなければならないだろう。フェーダー湖の周辺のように泥炭の湿地となっている遺跡の調査では復元がいっそう複雑である。

調査が進んできたこんにちでも未解決の課題がある。第一に、ドナウ川流域だけでなくアルプスの北麓全域を見ても、杭上住居の集落から墓が発見された例がないことである。

湖岸や湿地の集落に居住した人たちは死者をどのように、どこに埋葬したのだろうか。これは湖岸と湖岸から離れた陸域にある遺跡地との関係や、湖岸への進出居住と湖岸からの退却の問題にも関連する。

第二に、新石器時代、青銅器時代の人々は水に漬かる危険にもかかわらず、なぜ条件の悪い湿地に生活の根をおろしたのか。漁撈活動、個人間のコンタクト、生産物の流通、居住用木製構造物の運搬など、交通・交換活動の利便性が理由としてあげられているが、充分に解明されておらず課題として残されている。

フリントの採掘

最後に、新石器時代の道具製作で素材として大きな役割を担ったフリントの採掘活動について、ドナウの右岸に展開した大規模な遺跡群についてふれて締めくくることにしよう。

旧石器時代にも石材の流通は、小集団の直接採取や交換などによって、盛んにおこなわれていた。しかし地表下に素材を求めて掘削する例はごくまれである。多くは露頭や露頭から河川に流された転礫の採取であり、本格的に大地を掘削して石器素材を獲得して、広域に流通させる活動は世界的に新石器時代になってからである。日本列島でも縄文時代に入ってからである。流通の形態は、素材の流通、半加工品の流通、加工済みの製品流通など、多様であり複数の形態の組み合わせも当然ある。

ドナウの上流域にこうした採掘の証拠をしめす遺跡はあるのだろうか。再びウルム市を起点にすると、ウルムからドナウに沿って北東にほぼ直線距離で一六〇km下ると左岸に接してケールハイム市がある。ケールハイムのドナウ川右岸から南に約二〇kmの地点にアルンホーフェン遺跡がある。

バイエルン州北東部地方をさすニーダーバイエルンにある、アルンホーフェンの新石器時代

図39　直径1mにも達しない深い立て坑の発掘調査（M.リント・G.ロート 2022）

フリント採掘の跡は、鉱山考古学の埋蔵記念物として国際的に重要である。最も深い例では八mにも達する膨大な数の立て坑（シャフト）が、良質なフリントを求める人びとによって採掘されたのである。立て坑は推定でおよそ二万カ所あるといわれている。砂礫の採掘により破壊の危機が迫り、その内の六〇〇基が緊急発掘された。フリントはジュラ紀の後期（マルム期で約一・五七億～一・四六億年前）に形成されたもので、極めて良質で縞模様を成す板状のフリントと、球状を呈するフリントの両方が特に多く産する。

目立つのは深さが三m～七mに達する平面円形の立て坑であるが、直径が八〇cm～九〇

cmしかない。しかもそれぞれ円形立て坑がびっしりと接して掘られている。深さの途中で若干横に広げられている例もあるが、シカの角製のピッケルを使って大人が作業できるような直径ではない。発掘調査でもそのため立て坑を真っ二つに縦に切って記録する以外に方法がなかった（図39）。なぜ立て坑の直径がこのように狭く深いのか、当時の採掘にかかわった年齢階層や性差などの問題はまだ解明されていない。

採掘は新石器時代のいつか

採掘地では考古学的な遺物が乏しいので、立て坑の充填堆積物から発見された多数の木炭片の放射性炭素年代測定がおこなわれた。その結果、最古の線帯紋土器（紀元前五六五〇年）から新石器時代後期初めのミュンヒスヘーフェン・グループ（紀元前四二五〇年）の間にまたがっている。しかし今までに報告された一〇点近くの測定値は新石器時代の中期（紀元前四九〇〇〜紀元前四三〇〇年）にあてはまるとされている（リント・ロート二〇一二）。

採掘という生業の性格

いくつかの仮説の前提が必要である。一つの採掘立て坑内の作業を数週間とみる。掘り上げてすぐに埋め戻すと仮定する。集中する立て坑の測量図から割り出して基本のまとまりは三基であることがいえそうであるので、こうしたことを組み合わせると、フルタイムで専業的に採掘に従事するのではなく、新石器時代の小規模な農耕集団が繁忙期を避けて採掘に従事した姿を導き出している。また、専業的な「石器製作工房」は存在せず、農耕民の男女がフリントの交換を自分たちの需要に応じておこなって、石器の製作活動をしていたと推定している（リント・ロート二〇二二）。

中部ヨーロッパへ広く供給

新石器時代の中期初頭（紀元前約四九五〇〜紀元前約四七〇〇年）になると、アルンホーフェンのフリントは周辺の地域だけでなく中部ヨーロッパの南部にまで供給域が広がった。それでは交易という交換は、職業的な専業集団によって担われたのか。それとも、小規模な集団が原産地に赴き、そこで素材を手に入れ持ち出し、原産地から次第に遠ざかるにしたがって石材の希少性が次第に増大するというモデルで広域の交流を復元するのか。M・リントとG・ロートは民族誌例を参照した後者の仮説で復元しようとしている。

青銅器・鉄器時代からローマによる支配まで

青銅器時代

青銅器時代の区分

青銅器時代は伝統的に前期・中期・後期に区分される。とはいえ、地域的な変異があるので区分どおり統一的にあつかえるとは限らない。北欧では前期・後期の二分法である。三期区分の大枠の中は、青銅器の型式学、土器様式、埋葬儀礼の違いの組み合わせによって、青銅器時代全体が六つに細分されている。また、青銅器が使われる前に銅器が使われることがあったが、独立した時期区分としてではなく新石器時代の晩期・終末期の様相として組み込まれて編年されている（図40）。

スイス西部、南ドイツ、東オーストリアの地域では青銅器時代の前期・中期・後期という区分とは別に、墳丘墓文化（Hügelgräberkultur）、骨壺葬地文化（Urnenfelderkulture）が使われることがあるが、前者は青銅器時代中期、後者は青銅器時代後期に属する。

中部ヨーロッパにおける青銅器時代の継続年代は、紀元前二二〇〇年頃に始まり、紀元前八五〇年頃に終焉をむかえるが、南ドイツでは紀元前七五〇年頃まで続く。

時代が重複するホイネブルク

ドナウ流域の青銅器時代の遺跡は、中期までさかのぼる。足下にドナウ川を見下ろす高台の地に築かれた城塞集落のホイネブルクである（図1の15番）。眺望絶景の高地性集落である。ここでドナウ川は川幅五〇m前後となって北に流れていく。狩猟、戦闘などにともなう立地上の優位性から、断続的に長期にわたって建設と破壊が繰り返されたが、中心は鉄器時代前期末から鉄器時代後期前半にある。それは鉄器時代のところでふれることにして、まずホイネブルクの位置や編年を簡単にみておこう。

　ウルム市を起点とすると、そこから南西に直線距離でドナウを約五六kmさかのぼった地点の左岸に接してある。ジグマーリンゲンの町からは東に約一四km下流である。深い渓谷を激しく屈曲して流れるドナウ

			紀元前
青銅器時代	骨壺葬地／青銅器時代後期	Ha B	870/750
		Ha A	1000
		Bz D	1200
	中期	Bz C	1350/1300
		Bz B	1450
	前期	Bz A	1600
新石器時代	銅器時代	終末期	2200
		晩期	2800
	後期		3500
	中期		4400
	前期		5000
			5500

図40　新石器・青銅器時代の編年
（Eggert, Samida 2013）

川もジグマーリンゲンを過ぎるとやや開けた地形景観を東に流れ、フンダージンゲンの村で急角度に北北東に流れを変える。その屈曲点近くに遺跡は位置する（図41）。新石器時代のところで盛んにでてきたフェーダー湖からは、真西に約一六㎞の地点である。

特に東側は自然の急峻な傾斜面で人を寄せ付けず、傾斜の下端部はそのままドナウ川の左の岸辺である。遺跡の平坦部はある程度さまざまな時期に人為的に削平したものと思わ

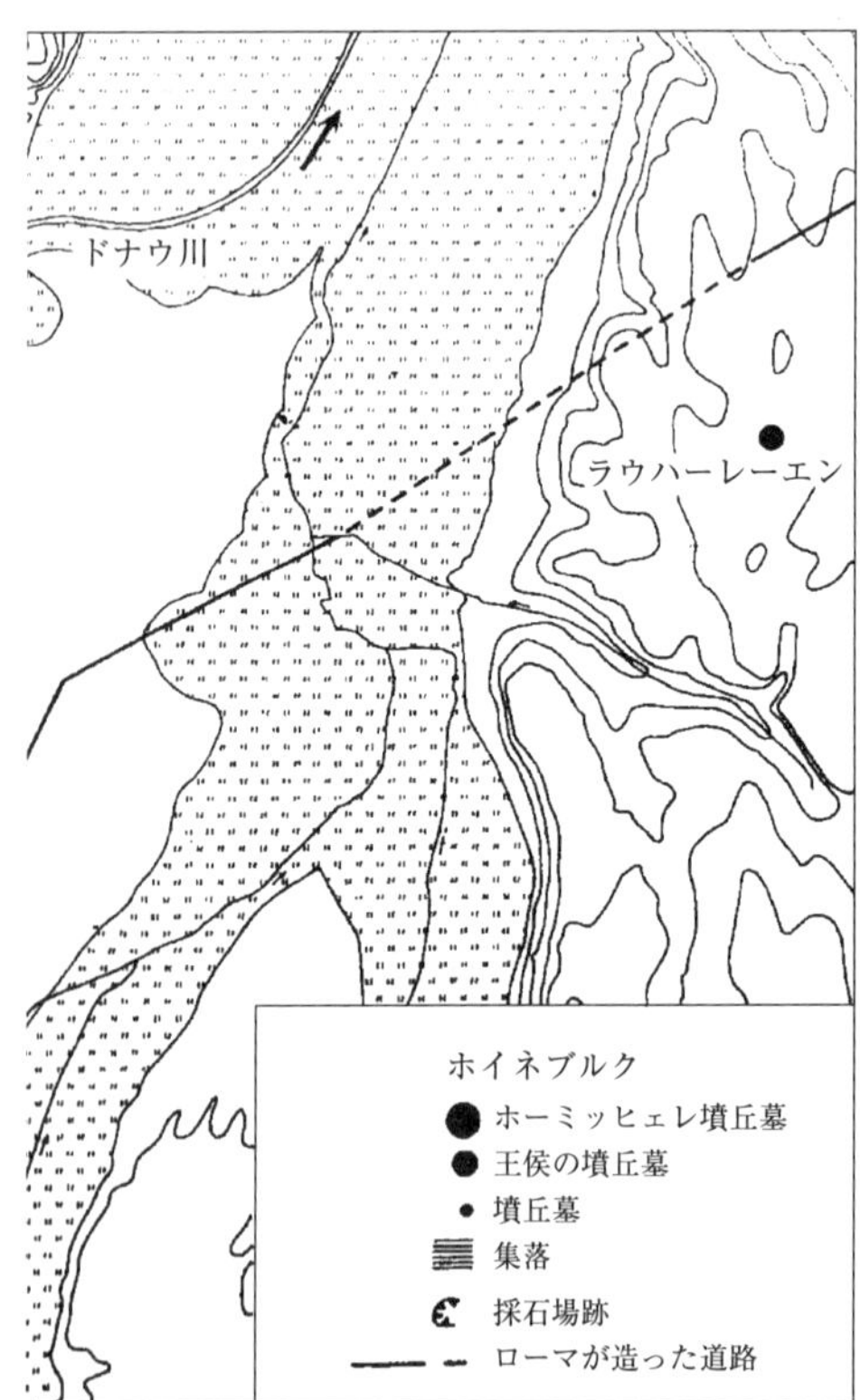

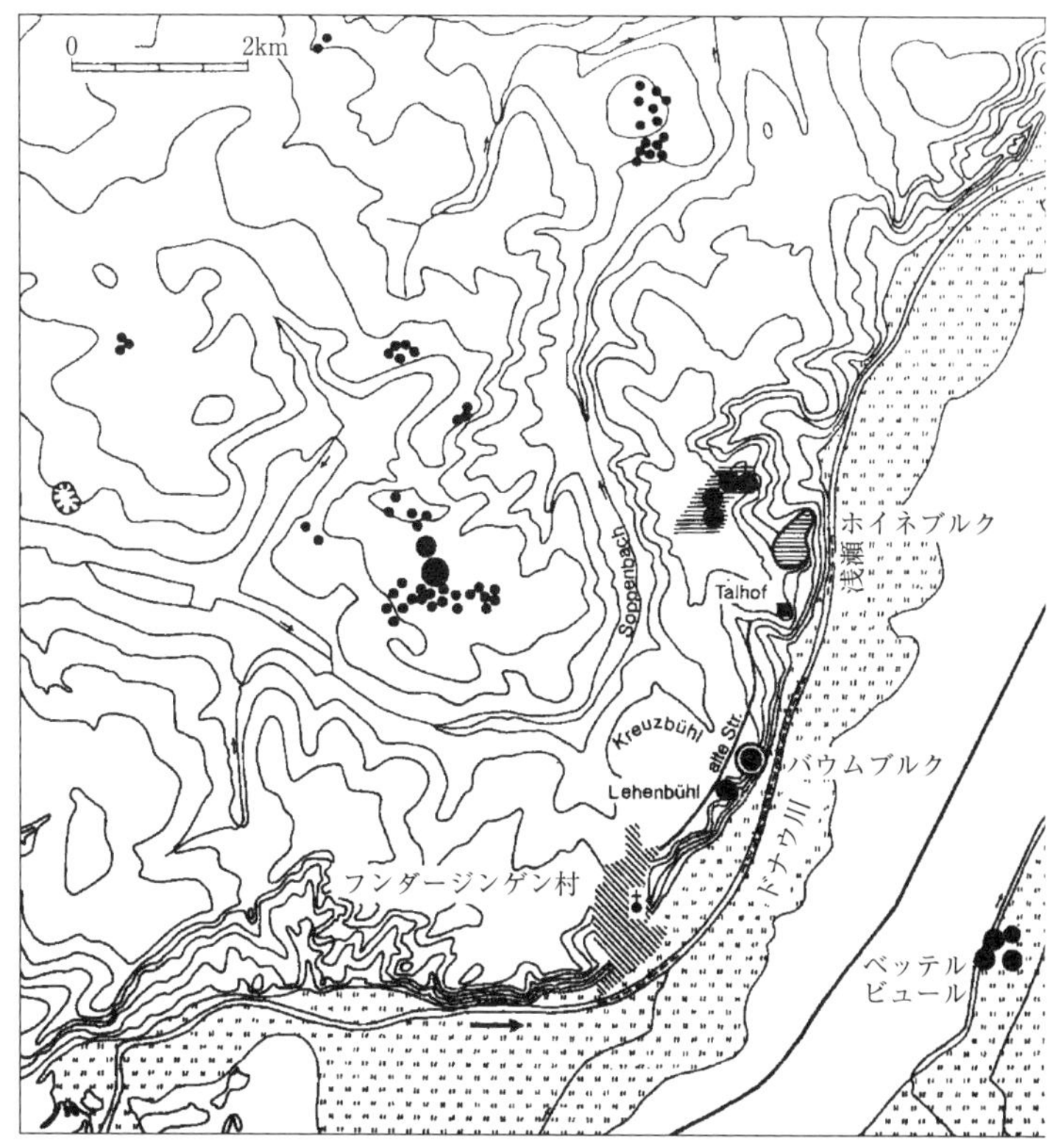

図41　ホイネブルクの城塞と周辺の墳丘墓群（Gersbach 1996）

れ、平面形は不整形である。現状で最大長三〇〇m、最大幅二〇〇mの広さである。

遺跡は新石器時代後期・晩期（紀元前四〇〇〇／三〇〇〇年）から中世中期（一一世紀）まで認められる。その間、新石器時代後期・晩期、青銅器時代中期、（骨壺葬地文化?）、鉄器時代前期のハルシュタット期（の後葉）、鉄器時代後期のラテーヌ期（の前葉）、ラテーヌ期（の後葉）、ローマ帝国の支配期、中世メロヴィング期に区分されている。ラテーヌ期の前葉は城塞の破壊・再建による区分をもとにさらに七期に細分されている（Kimmig 1975）（図42）。

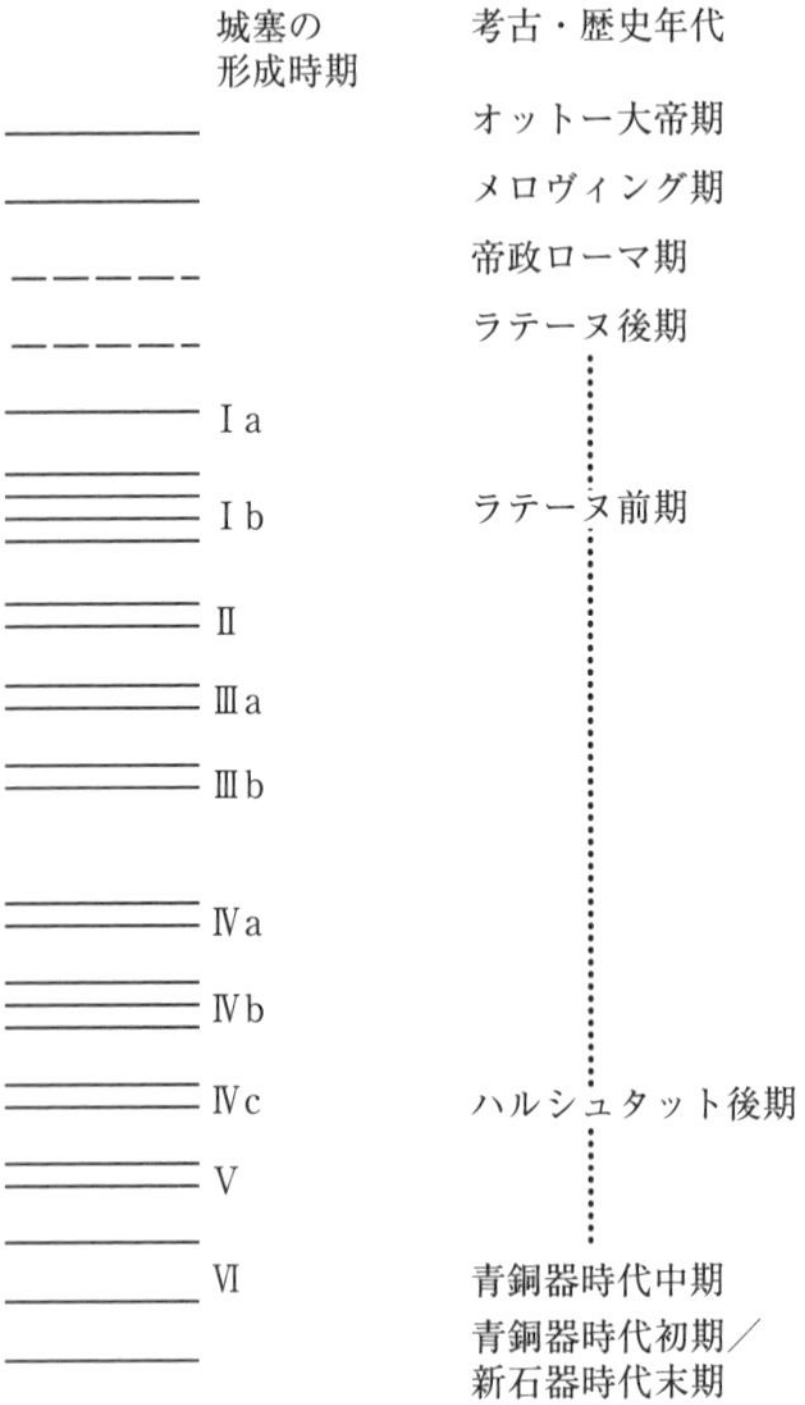

城塞の形成時期	考古・歴史年代
	オットー大帝期
	メロヴィング期
	帝政ローマ期
	ラテーヌ後期
Ⅰa	
Ⅰb	ラテーヌ前期
Ⅱ	
Ⅲa	
Ⅲb	
Ⅳa	
Ⅳb	
Ⅳc	ハルシュタット後期
Ⅴ	
Ⅵ	青銅器時代中期
	青銅器時代初期／新石器時代末期

（Kimmig 1975）

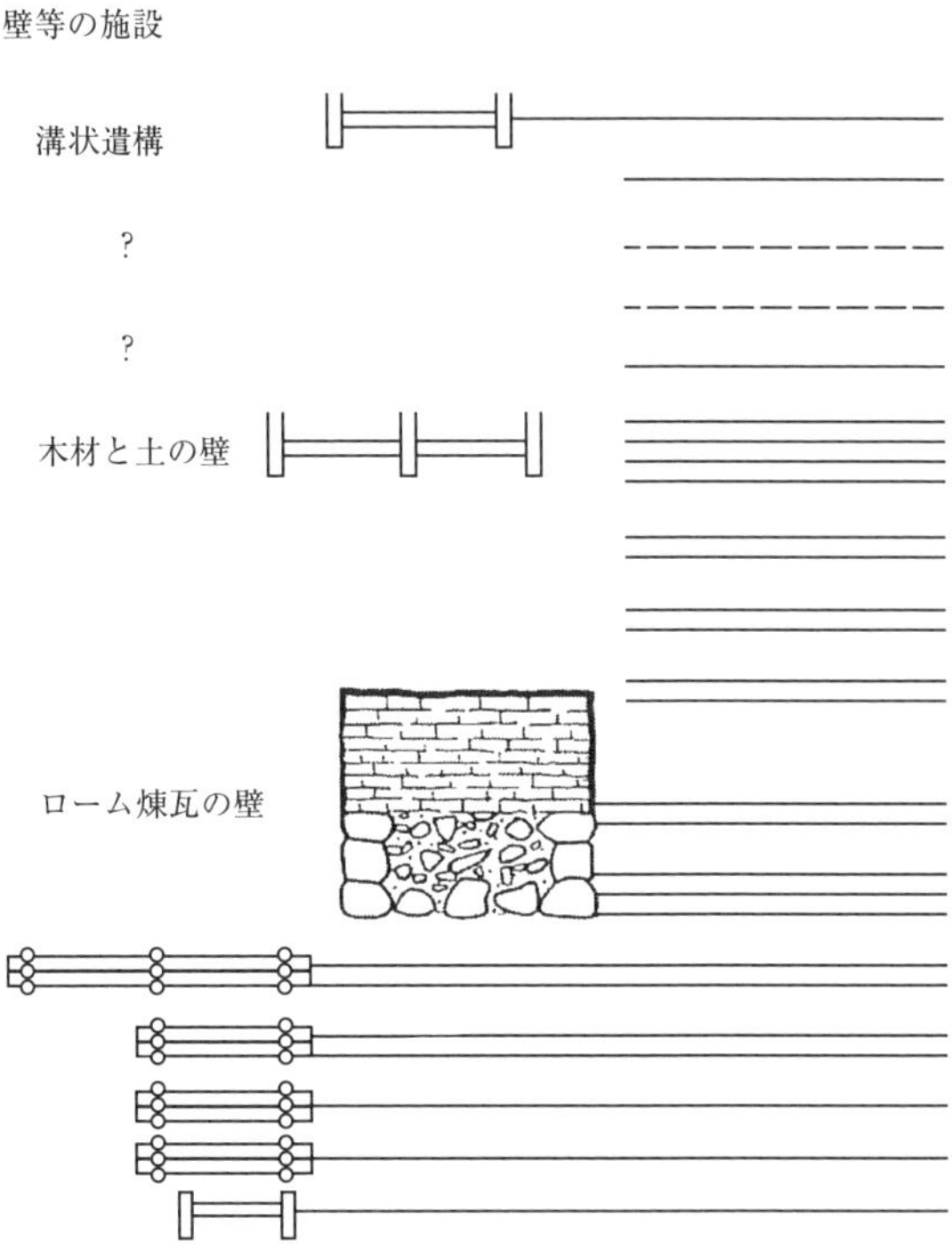

壁等の施設
溝状遺構
?
?
木材と土の壁
ローム煉瓦の壁

図42　時代が積み重なるホイネブルク

青銅器時代中期のホイネブルク

新石器時代末から青銅器時代の初めにも、人の居住の痕跡がホイネブルクに認められるといわれているが、証拠はわずかでよくわからない。青銅器時代の中期からはっきりする。中期はドイツ考古学で別名「墳丘墓青銅器時代」といわれることもある。円形の小型墳丘墓が盛んに築造された時期である。

ホイネブルクでは中期になってはじめて本格的な居住がはじまり、周囲に防御の城壁が築造された。発掘により、主要な防御壁は長さ一一〇mにおよび、その内側に六〇mの距離をおいて第二の防御のフロント壁が築かれたことが確かめられた。壁の築造法の特徴は、壁の基礎しか残っていないので高さの確証はないが、丸太の枠をおそらく数mの高さまで組み、木枠の中に土を詰める構造である。直訳すると「土充填丸太材工法壁」である。

こうした城壁の構造と規模ならびに出土遺物などの検討から、長年調査にたずさわってきたE・ゲルスバッハは当時の社会組織などを次のように想定している（Gersbach 1996）。「最近の調査は、アルプスの北西麓からシュヴァーベンの中級山地までの広い範囲における農耕社会の社会経済的発展について、従来の理解の修正を迫るものである。当時すでに部族組織の中に社会的な階層分化が成立していたのではないか。それは城塞集落としての城の居住期間の長短に反映され、墳丘墓という墓制にも反映されている。城壁の築造にみる労働の集約と強度から察すると、ホイネブルクの単一村落共同体では成しえないであろうから、より広い共同体的な組織を必要としたであろう。いくつもの村落が一人の統一的な指導者によって組織されていたのではないか。壁などの集中的な築造時の食料の補給システムなども不可欠で、部族における支配権の発動も必要であったろう」と。

ただ、ホイネブルクの城の周辺の村落と耕地についてはまだ解明が進んでいない。その痕跡は考古学的な発掘調査ではごくたまにしか確かめられていない。それには城の外に広がるドナウ川に臨む城外の低地の住居群を調査する必要があるだろう。また多くの墳丘墓群の調査によって進捗すると思われる。

青銅器時代後期の湿地集落

ホイネブルクから真東にドナウの右岸一六㎞の地点にフェーダー湖がある。そこにはバート・ブハウという名の小さな町がある。この町の東南に接して、湿地帯に「ヴァッサーブルク・ブハウ」として知られてきた遺跡がある。「水城ブハウ」の意である。

新石器時代のアイヒビュール遺跡のところにもでてきたH・ライナートが中心となって、一九二一年から二八年まで集落研究のための大規模な発掘がおこなわれた。これは机上の操作ではなく、実際の野外考古学で集落の広がりを確かめるために大規模に敢行した事例として注目に値するものだった。湿地の中を、最大で幅二m長さ四六mのトレンチ（試掘坑）を一八本入れて調査した。また居住域の住居も数多く調査された。その結果、住居の周囲をかこむ防御柵の広がりは一一八m×一五一mの不正楕円形に復元された。

一般に知られている図はこれだけである（図43）。当時としてはけた外れの調査規模であった。

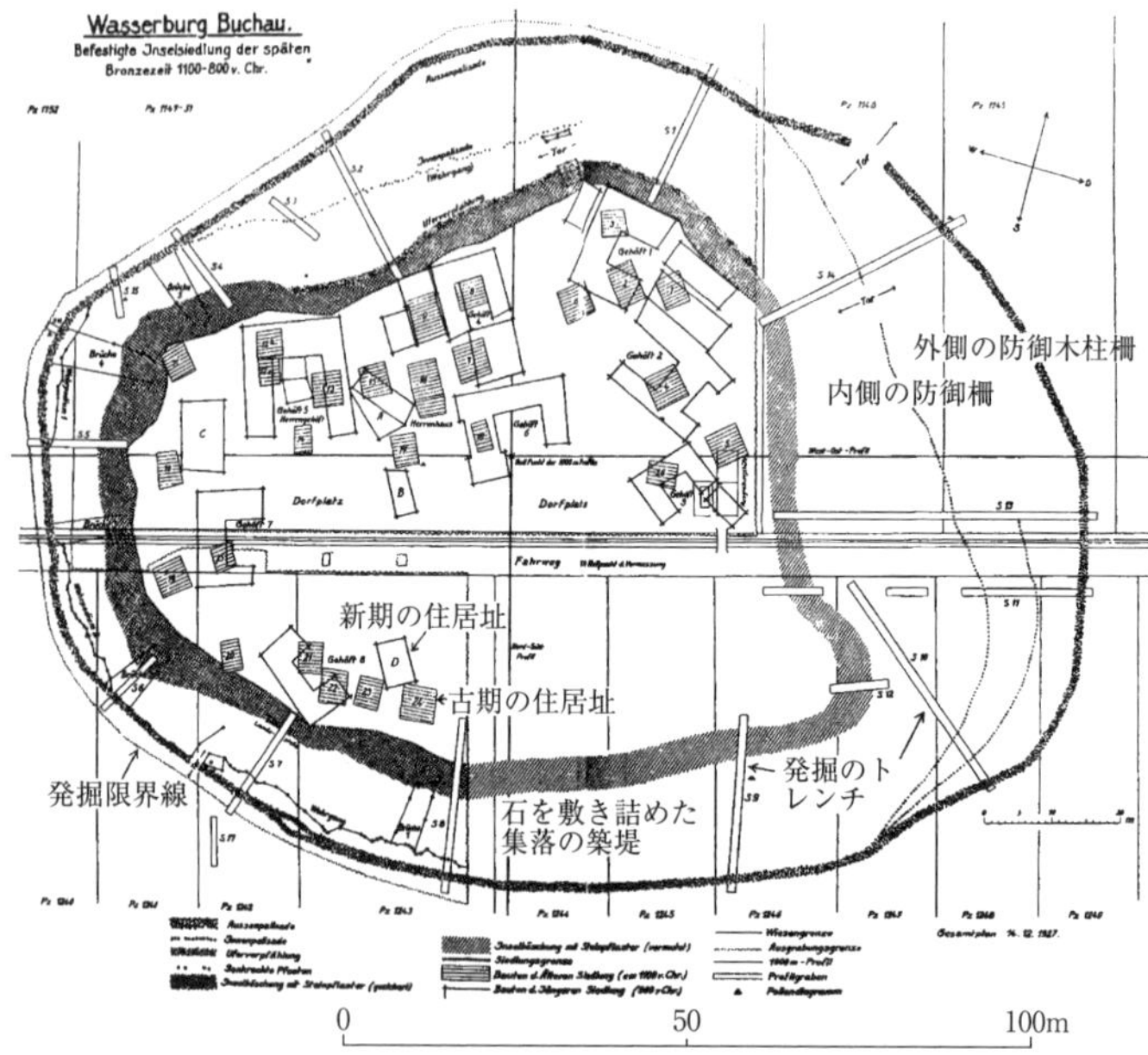

図43　ヴァッサーブルク・ブハウ遺跡の全体図（Keefer <Hrsg.> 1992, Jankuhn 1969, 一部追加）

発掘調査者 H. ライナートが残した遺構実測図と調査範囲全体をしめす唯一の図.「石を敷き詰めた集落の築堤」「外側の防御木柱柵」「内側の防御柵」「古期の住居址」「新期の住居址」「発掘のトレンチ」「発掘限界線」ほかいくつもの情報が記されている. 図面左上には「ヴァッサーブルク・ブハウ　青銅器時代後期（紀元前1100-800年前）の島状の防御集落」と記されている.

ヴァッサーブルク・ブハウ（水城ブハウ）は、今日まで青銅器時代後期の湿地集落の例としては唯一の事例なのである。

しかしライナートが刊行すべき発掘報告書は、調査終了の一九二八年に刊行予告があったものの、ついに刊行されなかった。二冊の一般向けの冊子が出ただけだった。予定されていた正式の発掘報告書のタイトルも『ヴァッサーブルク・ブハウ』であった。文字通り「水城」が強調されている。「水城ブハウ」のプロパガンダは一般向けの冊子にもよく表現されていて、集落の外周には防御のためとみられる乱立した木列が描かれている（Keefer 1992）。

実は調査直後からライナートの思い入れに傾いた復元には、調査にたずさわった湿地の地質・土壌の専門家や植物学の専門家から批判がでていたが、結果的に生かされなかった。この集落は紀元前一一〇〇年ころに成立して紀元前八〇〇年ころまで継続した。成立当初から周囲は防御のマツ材の柵列で囲まれていたようで、推定一万五〇〇〇本以上あったとされている。

集落は二時期に分けられる。古い住居群は散居の形態で三八棟の五m×五m規模の小規模なものであった。新しい住居群は一〇〇㎡規模の住居群が三群あるとされている。ただ、復元図をみるかぎりその傾向をはっきり読み取ることはむずかしい。新しい住居群には火災にあった痕跡があるという。

ライナートは集落の門も復元しているようだが、発掘区の遺構などの詳細な情報はなく、一般向けの冊子に描かれたもので、誇張もあるので実態はわからない。新・旧集落の間にどの程度の時間差があったのかは、すでに一九四〇年の段階で防御の木柵の年輪年代学の分析がおこなわれており、一〇〇年から一五〇年の間は住居がなかった時期のあったことが解明されている。

バート・ブハウの町の北端にはフェーダー湖博物館があって、館内の展示のほか、フェーダー湖周辺の湿地に展開した新石器時代、青銅器時代の住居施設のかなり大規模な復元がされていて、当時の居住空間を体験できる考古公園になっている。コースを区切ったいくつかの解説ルートも用意されている。またフェーダー湖周辺に展開した遺跡の位置や情報は博物館内で詳細を把握できるようになっている。新石器時代のところでみたアイヒビュール遺跡やヴァッサーブルク・ブハウ遺跡も、いきなり現地を訪ねても「アイヒビュール」という現在の番地名をしめす標識を見つけることはできるが遺跡の解説板がないので、最初に博物館を訪ねて情報を手に入れてから詳細な地図をたよりに現地に行かなければ見当がつかない。地図を手にして、だいたいこのあたりだな、と見当をつけることができる程度である。

青銅器時代後期は別名「骨壺葬地時代」とも呼ばれ（図40参照）、中期に成立する墳丘墓の伝統は途切れる。墳丘墓は鉄器時代に入ってから再び広く築造される。

墳丘墓青銅器文化（青銅器時代中期）を基礎に、骨壺葬地文化（青銅器時代後期）が発達するが、中期・後期はケルト以前の先行者たちだろうといわれている。ケルトの起源を古くみる論もあるので、このあたりは微妙かもしれない。骨壺葬地文化は火葬であるので、これを民族移動の際における火葬壺の利便性と関連させて理解する向きもある。しかしこの点の因果関係は解明されていない。H・ヤンクーンによれば、いずれにしても、青銅器時代と鉄器時代初期の「部族」を的確に推定することはむずかしく、推定したとしてもごく暫定的なものにとどまるだろうという（Jankuhn 1969）。

ローマ以前の鉄器時代

マグダレーネンベルクの大墳丘墓

古代ローマ帝国も鉄器時代に属することに変わりはないが、文字史料や支配の記録が豊富であるので、道具の素材の違いを基準にした考古学固有の相対編年の「鉄器時代」の用語は使わない。そのため考古学で「鉄器時代」といえば、ローマ以前の鉄器時代を意味するが、ドイツ考古学では「ローマ以前の鉄器時代」という用語が定着している。

考古学でいう鉄器時代は、前期と後期に二期区分される。前期はおよそ紀元前八〇〇年に始まり、後期の始まりの紀元前約四七五／四五〇年に終わる。後期は、ローマがアルプスの北麓に進出する紀元前一五年までとする（Eggert & Samida 2013）（図44）。鉄器時代の前期は「ハルシュタット期」と呼ばれる。オーストリアのザルツブルクから東南約五〇㎞にあるハルシュタットの町の岩塩鉱山とその墓地遺跡を標識地とする。

鉄器時代の後期は「ラテーヌ期」と呼ばれる。スイス西部のベルン市から西に約三〇㎞の地点、ヌーシャテル湖の北東端にあるラテーヌ遺跡を標識地とする。

<table>
<tr><th colspan="4"></th><th>紀元前</th></tr>
<tr><td rowspan="7">鉄器時代後期</td><td rowspan="2">ラテーヌ後期</td><td rowspan="2">Lt D</td><td>Lt D2</td><td>15</td></tr>
<tr><td>Lt D1</td><td>80</td></tr>
<tr><td rowspan="2">ラテーヌ中期</td><td rowspan="2">Lt C</td><td>Lt C2</td><td>150</td></tr>
<tr><td>Lt C1</td><td>200</td></tr>
<tr><td rowspan="3">ラテーヌ前期</td><td rowspan="2">Lt B</td><td>Lt B2</td><td>275</td></tr>
<tr><td>Lt B1</td><td>325</td></tr>
<tr><td colspan="2">Lt A</td><td>375</td></tr>
<tr><td rowspan="4">鉄器時代前期</td><td rowspan="3">ハルシュタット後期</td><td rowspan="3">Ha D</td><td>Ha D3</td><td>475/450</td></tr>
<tr><td>Ha D2</td><td>525</td></tr>
<tr><td>Ha D1</td><td>550</td></tr>
<tr><td>ハルシュタット前期</td><td colspan="2">Ha C</td><td>650
850/750</td></tr>
</table>

図44　鉄器時代の編年（Eggert, Samida 2013）

ローマ史では、オクタヴィアヌスが内乱を平定して紀元前二七年に元老院からアウグストゥスの称号を授与されたことで、ローマは帝政期に入ったとする。しかし細かくいうと、中部ヨーロッパの考古学における「ローマ帝国時代」の概念は年代的にはこれとは一致しない。中部、北部ヨーロッパは紀元前二七年はまだローマ帝国の支配下に入ったわけではなく、そこはローマ支配のおよんでいないいわゆる「自由ゲルマーニア」（Germania libera）であったからである。ローマ帝国がアルプスを北に越えて支配の進出を始める紀元前一五年まではローマ以前の鉄器時代としてあつかうのである。わずか一二年の差に何をこだわるのか、と思われるかもしれないが、政治史と実態を重視する考古学の方法の違いである。

ドナウ川の水源ブレークから東南東に約二四㎞の地にフィリンゲンという町がある。そこから南に二㎞の地点に、鉄器時代前期であるハルシュタット期の後半に属するマグダレーネンベルク墳丘墓がある。海抜七四〇ｍの地にあり、直径一〇〇ｍの円形で、墳丘の高さは一六ｍである。土量は約三万三〇〇〇㎥にもおよぶといわれ、この時期の中部ヨーロッパで最大の規模である。ドイツのシュヴァルツヴァルト（いわゆる黒い森）の中にある。ドナウの河岸ではなく、まさに源流の地点近くに築造された。

埋葬された王侯と帰属する部族についてはほとんどわかっていない。防御を固めた居住の地は、墳丘墓から北西に約四㎞にあるブリガッハ川とキルナッハ川が合流する丘陵の先端にあったと推定されているが、まだ確定されていない。

最初の発掘は一八九〇年にさかのぼるが、現代の学術発掘は、ドイツ学術振興会（ＤＦＧ）のプロジェクトとして一九七〇〜一九七三年にかけてＫ・シュピントラーの主導で全面的な発掘がおこなわれた（Spindler 1975）。中央の墓室は木組みである。その木材の年輪年代学による計測から築造年代は紀元前六一六年と判定された。考古学の編年でハルシュタット後期の初頭（HaD1）にあたる。

墳丘の構造と多数の追葬

まず地表の平坦あるいは若干掘りくぼめたところに樫の角材を組んで木組みの墓室を構築する。その規模長さ八m、幅六・五mである。遺体を安置後に三〇m×二五mの不整八角形で石を塚状に盛り上げ、その上をさらに土で広範囲に覆い封土とし、墳丘を形成している。円形の墳丘は直径一〇〇mである。この点、墳丘を最初に築いてから葬送儀礼の場として埋葬施設を設ける日本の古墳と根本的な違いがある（福永二〇一八、クノフ二〇一八）。

中央の主埋葬は男性で、それを取り囲むようにほとんど重複することなく墳丘全体に合計一二六基の墓壙による追葬がおこなわれた状況をしめしている。ただ、一基だけは墳端に接してはいるが、墳丘外に追葬されている。男性、女性ともにあり、配置に特別な意味があるような偏りはみられない。火葬をしめす三基の墓壙を除いてそのほかはすべて土葬である。墓壙は一体の埋葬が基本であるが、二体埋葬の土壙も九基ある。中央の埋葬だけでなく、追葬もふくめ、すべてハルシュタット後期の初頭（Ha D1）に属すといわれている（図45）（Spindler 1975）。

中央の埋葬施設は、築造後あまり時期を経ずに盗掘されたと推定されており、副葬品などのほとんどが失われた。わずかに残ったのは、四輪の戦車の残骸、馬具の一部、ブタの骨、埋葬された王侯（首長）の骨の断片などである。弓の可能性のある遺物も発見されたようであるが不確かである。

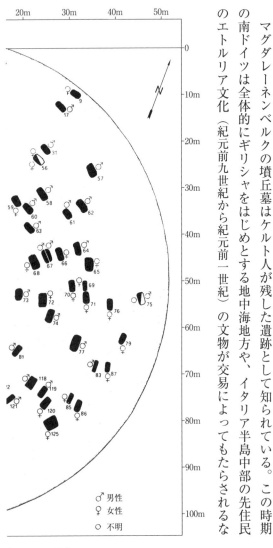

盗掘を免れた追葬の土壙からは豊富な遺物が発見された。黒玉、青銅の腕輪などの装飾品、膨大な数の留め針、青銅製の短剣、一三列の琥珀を束ねた首飾り（女性を埋葬した土壙No.97）などである。

マグダレーネンベルクの墳丘墓はケルト人が残した遺跡として知られている。この時期の南ドイツは全体的にギリシャをはじめとする地中海地方や、イタリア半島中部の先住民のエトルリア文化（紀元前九世紀から紀元前一世紀）の文物が交易によってもたらされるな

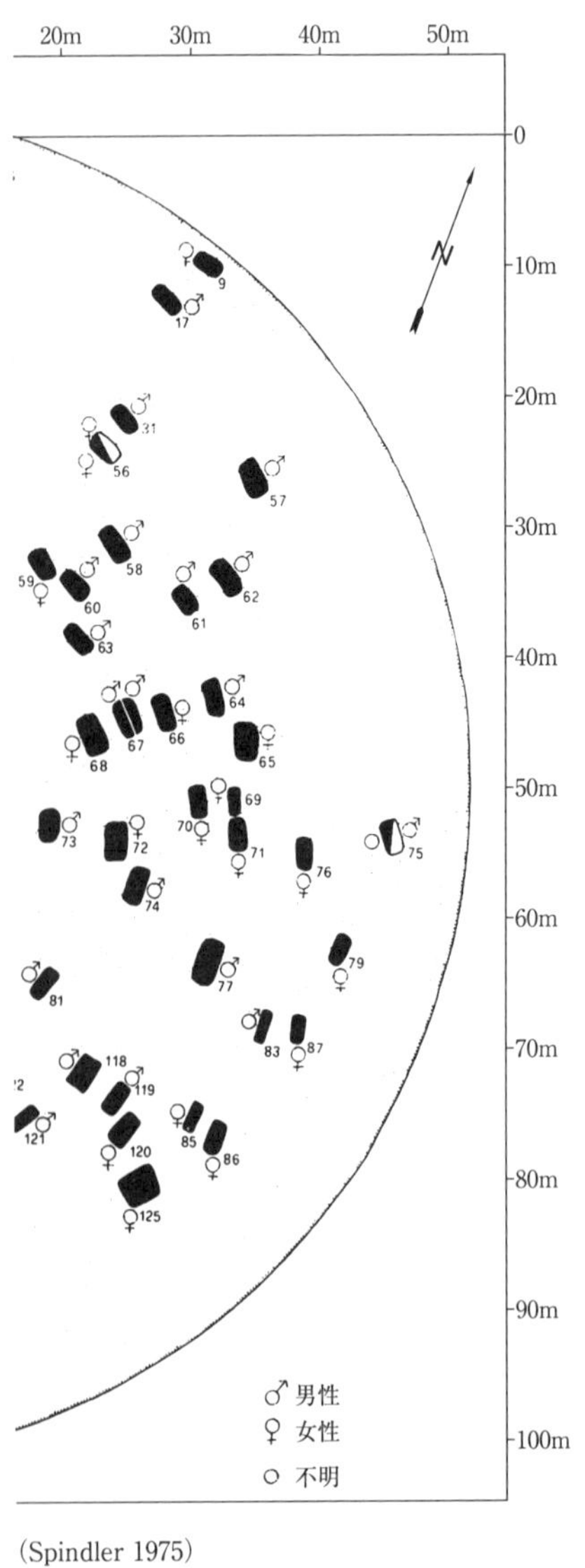

(Spindler 1975)

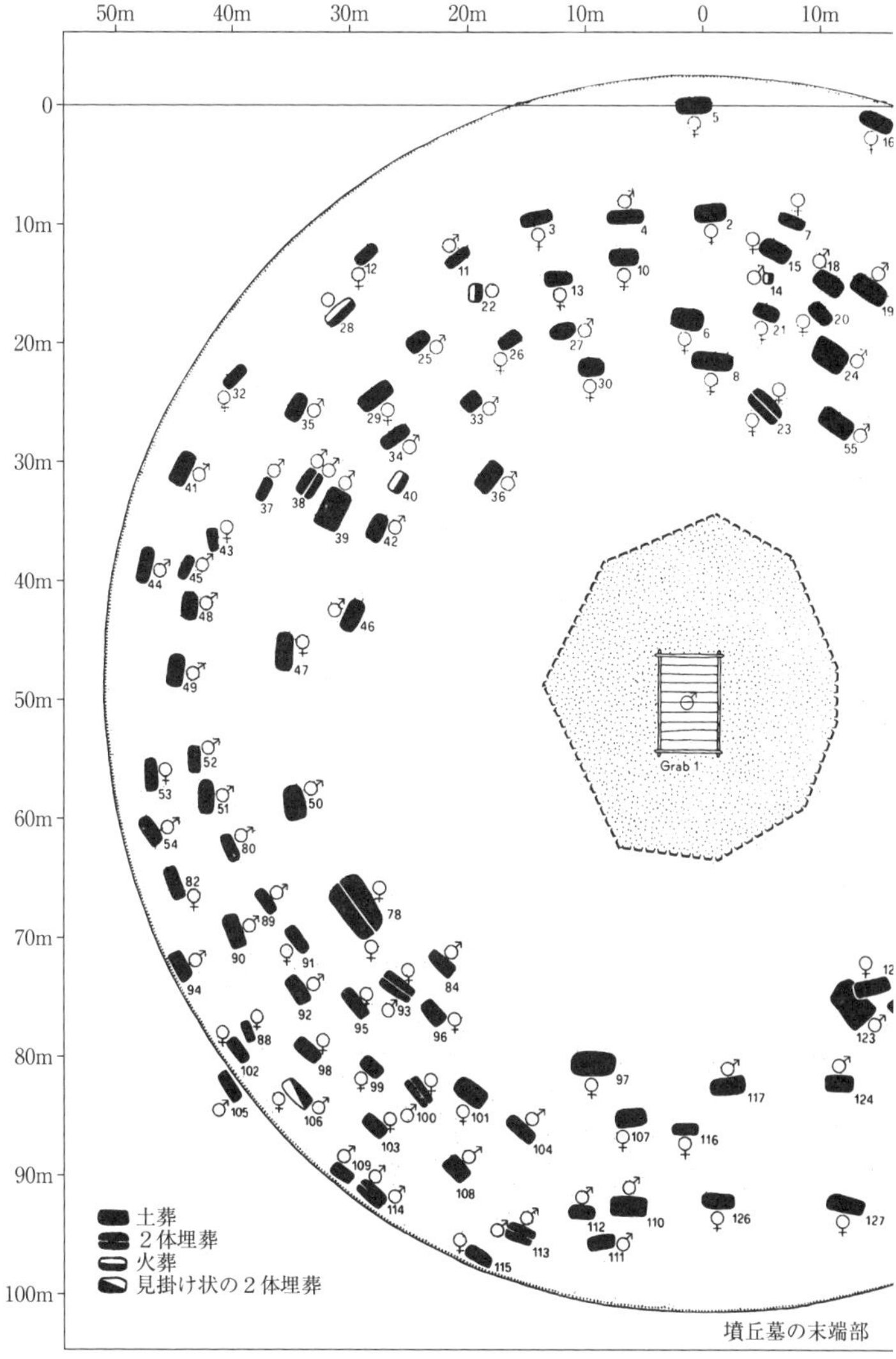

土葬
2体埋葬
火葬
見掛け状の2体埋葬

墳丘墓の末端部

図45　マグダレーネンベルクの墳丘墓の主埋葬と追葬

ど、広域の流通を表現している。

ケルトの王侯が中心に埋葬され、周辺に多数の追葬があることは、強力な支配層が顕在化している証拠であり階層化が進んでいることをしめす。しかし、追葬の場は一基をのぞいてすべて同じ墳丘内にある。では、一二六基の追葬が部族の一部を構成する一氏族すべてを表現しているかといえばそうではないであろう。

防御を固めた城塞集落内に氏族の成員が全員居住したのではなく、一二六基の追葬された人びとは、同じケルトの氏族の有力親族集団に属するとみておくのが妥当であろう。巨大な墳丘墓マグダレーネンベルクに象徴されるケルトの支配層は有力な氏族として、また同時に広域の部族の支配層としても重層的に機能していただろう。その意味では、中心に埋葬された王侯は突出した存在でありながらも、共同体から隔絶した存在にはなっていない歴史的な性格を表現していると思われる。

ホイネブルク

ホイネブルク遺跡は先に青銅器時代中期の城塞集落として取りあげたが、鉄器時代前期の後半（ハルシュタット期後半）から鉄器時代後期（ラテーヌ期前半）にかけて集中的に居住の痕跡が確認されている。ケルトの高地性城塞集落（高城）とギリシャ文化との接触のルートなど、多様な要素が集中的に確認できるハルシュタット期後期からラテーヌ期前半を例に鉄器時代のホイネブルクをみよう。つまり紀元前六世紀後半から紀元五世紀前半頃である。

青銅器時代中期のホイネブルクのところではウルム市からドナウをさかのぼって位置を説明したが、こんどは逆にドナウの源流近くから記す。フィリンゲンにあるマグダレーネンベルク墳丘墓から、川に沿ってドナウエッシンゲン、トゥットリンゲン、ジグマーリンゲンの町を通過して九十数㎞下るとドナウの左岸にホイネブルクがある。

調査の進展

ホイネブルクといえばドナウ川を眼下に望む丘陵の上にあるケルト人の防御を固めた城塞集落として著名であった。しかし実態は共同体成員一般が集住する集落ではなく、王侯の居城である。居城の域外には墳丘墓群があり、遺跡の範囲は居城の外にも展開するだろう、というくらいのイメージが強かった。実際、遺跡近くのホイネブルク博物館や現場での説明のパネルも長くそのようになっていた。

ところが二〇〇〇年代に入ってバーデンヴュルテンベルク州記念物保護局の新たな発掘プロジェクトが始動し、ドイツ学術振興会の参画もあって、さまざまな学問分野の協同による調査が展開した。その結果いままで予想しなかった事実が解明されてきた。調査成果の概要は逐次報告されているので、これから述べる内容も今後訂正され追加される可能性は大いにあるだろう。

新しい最大の成果は、王侯の居城の西側の低い地点に町域が形成されていたこと、またさらにその西側で南北に広く外域の集落が展開していたことがわかってきた。もちろん発掘された面積は少ないが、さまざまな探査技術を使っての成果である。まだ推定の域を出ないが、すべて防御を固めた集落で、その広がりは一〇万㎡、人口は五〇〇〇から一万くらいと推定されている。こうした新展開はあるが、ここではいままでに解明されてきた点を中心にみておこう。

「ケルト人」の記述はどこに

そもそもケルト人という記述は、どの史料にでてくるのか。それはヘロドトスの『歴史』である。巻二の三三条には「イストロス（ドナウ）川はケルト人の国にあるピュレネの町から発し……」とある。ピュレネの町がどこにあったのかは未確定である。巻四の四九条には「……イストロスはヨーロッパ全土を貫流する川であるからで、ヨーロパの住民の中ではキュネタイ人についで最西部に住むケルト人の国に発し、全ヨーロッパを貫流しスキュティアの脇腹に注いでいるのである」と。

「ヨーロッパの最西部」、「ケルト人の国」、「ピュレネの町」の三点から推して、ここホイネブルクをヘロドトスが記すピュレネの町にあてる意見もある。城塞の壁の構造が地中海の城の構造の影響を受けていることからここがピュレネかも知れない（Gersbach 1996）とか、ひょっとしてドナウ上流のホイネブルクは古典古代の名で言うピュレネであったたかもしれない（Sievers 2003）、などがその例である。しかし、ヘロドトス『歴史』の訳者松平千秋の当該部分の訳注には「ピレネ山脈の東麓にあった町で今日のポール・ヴァンドルがそれであろう」とある。

『歴史』の中で、イベリア半島、ピレネ山脈、ナイルの下流域、アルプス北麓のドナウ源流域の地理的な位置関係は、今日の正確な位置と整合しない記述も多いので、ホイネブルクがピュレネに当たるかは依然として推定の域をでない。

図46　ホイネブルクの「ローム煉瓦の壁」(Dehn 1958)

「ローム煉瓦の壁」

これはドイツの考古学で「レーム・ツィーゲル・マウアー」と呼ばれているが、その直訳である。ではどんな壁なのか。ローム質の土を柔らかくしておそらく枠にはめ、型抜きして日干し煉瓦（およそ四〇cm×四〇cmの矩形で厚さ一〇cm）を造り、それを積み上げて壁とするのである。壁の基礎に石灰岩の割石を数十cmから一m組んでその上にローム質の煉瓦を四～六m前後の高さに積み上げて壁を構築する（図

図47　ホイネブルクの城塞全体を囲む「ローム煉瓦の壁」（Gersbach 1996）

46）のである（Dehn 1958）。

ホイネブルクでは青銅器時代中期の壁は木枠の中に礫を詰めた構造である。鉄器時代後半のラテーヌ期初頭の紀元前六世紀後半の、ちょうどヘロドトスのピュレネの記述の頃の城壁の構造がこの「ローム煉瓦」の壁である。その後紀元前五世紀前半になると次第に堅固な木組みの枠の中に土を充填する城壁の構造に変る。

「ローム煉瓦の壁」構造は、ドナウ上流域の在地の城壁構築法にはなく、地中海のギリシャ植民都市の城壁の構築法によく似ている。そのため、地中海地方の影響を受けた証として理解されてきた。紀元前六世紀後半のホイネブルクの王侯の居城の防御の壁は全周をこの壁の構造で囲まれていた（図47）。

地表に顔を出していない溝や壁で囲まれた大規模な遺跡の場合、時代の新旧を問わず、壁や溝に直角にトレンチを入れた写真や図面が発掘報告書でやたらに多いな、と不思議に思われるかもしれない。考古学の調査方法としてそうすることに決まっているわけではない。発掘は、調査体制・予算・調査期間の組み合わせで具体的な形が決まる。だから成果が出る確実な部分から積み上げて次第に全体の構造に迫る戦略をとる。溝や壁の断面の構造の解明などは、解釈に先走るのではなく、考古学が最も得意とする素材とその加工のありかた、築造技術の特徴など、基礎的な事実を小面積の調査で明らかにできるからである。だから例えば未知の部分の平坦部に多額の費用を投じて、いきなり広く発掘することはしない。

食料経済

遺跡に残る証拠から当時の食料経済の実相を明らかにすることは、土壌条件の違いで骨の保存が遺跡ごとにずいぶん違うので、比較するのはかなりむずかしい。当時の家畜のありよう、役割、遺跡ごとの量的な構成など、多くの制約の中でさまざまな比較をおこなって、ドイツ農業史の視点から大要を記したのはＨ・ヤンクーンである（Jankhun 1969）。それに依拠して概要をみよう。

今までの発掘調査から、動物の飼育は、ウシ、ブタ、ヒツジ、ヤギ、ウマ、イヌ、ニワトリが認められる。ウマについては骨から今日のアラブ種のウマであったとされている。他の遺跡からはウマが食料の対象でもあったとする証拠もあるようだが、ホイネブルクではウマが肉を提供する動物であったかどうかは証拠がない。ここではウマは主として戦闘、狩猟、祭りなど、乗馬と運搬用の動物としての役割を担った。

ブタは祭式にも使われたようであるが、出土した骨からは家畜としての飼育を充分におこなった様子はうかがえない。

ウシの骨の三一％が若いウシで、この年齢のウシが屠殺されたようだ。残りのウシは荷物の運搬や乳牛として利用された。

ヒツジ・ヤギは食用として屠殺されたものが二三％で、いずれも若年の階層である。この数字から言えば、ヒツジとヤギは食用にする以外にもほかの利用方法があったのだろう。イヌは居住地を守る役割を担ったと思われる。数は少ないが、大形で背の高いイヌは王侯の狩猟犬として使われたかもしれない。ニワトリは、この時期に初めてあらわれる。残っている骨資料はそもそも少ないのであるが。

非常に概括的なまとめによれば、主要な家畜の量的構成にも著しい差があり、ウシとブタが他の家畜と比べ段違いに多い。墓へ副葬する供献食物の構成にもそれが反映されている。

食料経済と直接関係しないが、狩猟による動物の獲得にも重要な社会史的関心がよせられる。ホイネブルクでは発見された動物の骨全体の五％が狩猟によると推定されている。裏を返せば九五％が家畜ということになる。ただ、ここに出てくる数字は百分比の母集団の条件がしめされていないので、ごく大づかみな傾向としか理解できないのであるが。

中部ヨーロッパの西部ではホイネブルクの王侯の居域にだけ、狩猟による動物の獲得に特別な役割があたえられていたようであり、この点は当時の社会における一つの現象として興味深い（Jankhun 1969）。狩猟の対象となったのはウサギ、アカシカ、イノシシ、ビーバー、ブラウンベア、ノロジカ、オオカミ、ヨーロッパヤマネコなどである。量的に多いのはウサギ、アカシカ、イノシシである。

物流の様相　ハルシュタット期後半からラテーヌ期前半には、地中海中部の都市から交易など物流が北方へと発展し広く展開した。特に南ガリアの古代ギリシャ植民都市マッサリア（ラテン語化されてマッシリア）、こんにちの南仏マルセイユがその中心地の一つである。

紀元前六世紀には交易の流れは発展し、マッサリアからローヌ川をさかのぼり、さらに北上してブルゴーニュの谷を通って、スイスのバーゼルを抜けて北上すればそこはもうシュヴァルツヴァルト（黒い森）であって、ドナウの源流域である。流れに沿っておよそ一〇〇㎞下ればホイネブルクの居城に到達する（Jankuhn 1969）。

マッサリアから北方に運ばれた主な製品には何があったのか。質のよい高級な陶器、青銅製の食器類、サンゴの装飾品、ときに絹織物など、それにワイン、ニワトリである。ニワトリは南から搬入された交易品なのである。

地中海方面からの影響は物品の流通だけにとどまらない。強い結びつきはホイネブルクの城の壁の築造にも反映され、前六世紀のギリシャ的な技術が応用された。「ローム煉瓦の壁」である。

ホイネブルクはその後、紀元前五世紀の前半に「ローム煉瓦の壁」もろとも破壊されて火災で消失したことが発掘で明らかにされた。後に再建されて木組みの枠の中に土を充填する城壁の構造に変わる。しかしホイネブルクは断続的に王侯の居城として継続した。ローマ以前の鉄器時代末のラテーヌ期の終わりの頃には壁がなくなり、溝（堀）を巡らす構造へと変わるらしいが詳細は不明である。最後は紀元前一五年、ローマ帝国がアルプスを北に越えてドナウの右岸域まで侵略してきた際に、とどめを刺されてケルトの城はローマの支配に下った。ただ、その後、紀元後一〜二世紀ころにはローマの陶器片などがわずかに発見されるものの、かつてのケルトの居住域にローマの建築物の痕跡はない。

マンチン遺跡の広がり

ホイネブルクからドナウ川に沿って北東方向に約二二〇㎞下ると右岸にバイエルン州の都市インゴルシュタットがある。その東南五㎞一帯がマンチン遺跡である（図1の18番）。特別な標識があるわけではないので、車で近くまで行ってもあまりの広さに迷うばかりである。

この遺跡を巡っては、考古学の発掘による成果と歴史学・社会学などの特に都市の概念との対応関係、またローマの将軍カエサルが『ガリア戦記』でケルトの防御集落をオッピドゥムと書いているが、そうした呼称の背後にある集落の多様な実態との整合性など、「実態」とその「概念的把握」との緊張関係において多様な論点を提供している。もちろんこうした点はここドイツの考古学だけでなく日本の場合も同じであり、世界中のどこでも、発掘で確認された遺構・遺物と文字に記録された史料の関係をどうとらえるかという点では同様の問題をはらんでいる。遠隔地間の比較考古学を発展させる芽がここにひそんでいるかもしれない。

マンチン遺跡の概要について日本語で読める文献はほとんどないが、フランツ・シューベルトが書いた、マンチンと平城宮（へいじょうきゅう）の調査体制の比較の中に、一九八〇年代前半までの調査成果が簡潔に要約されている。これがおそらく唯一のものだろう（シューベルト一九

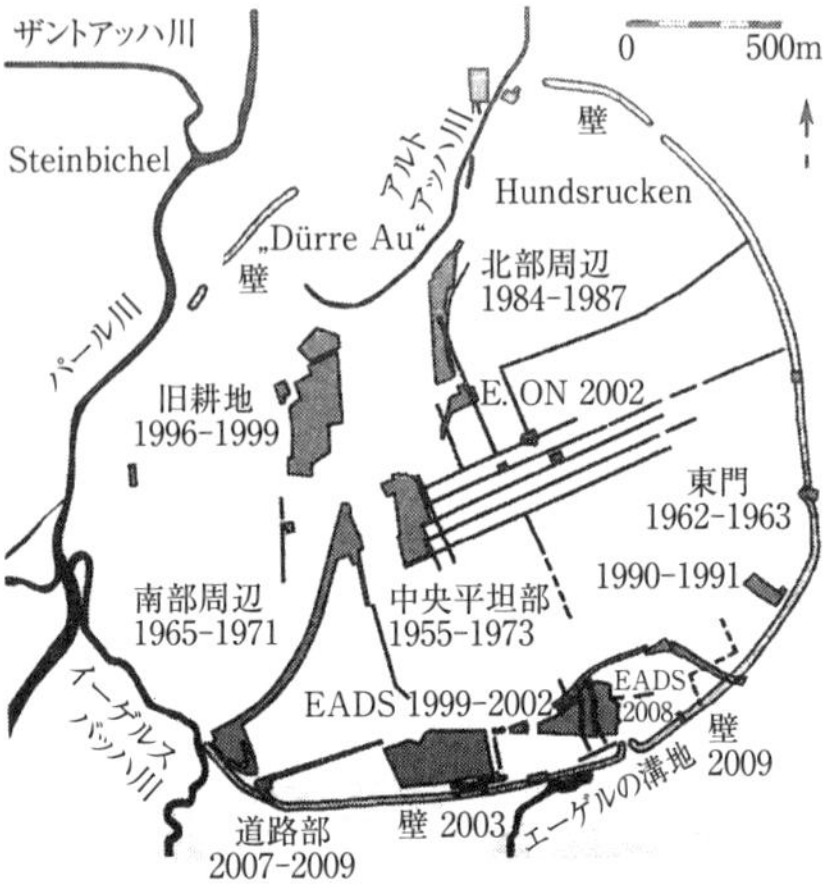

図48　マンチン遺跡の広がり（Eggert, Samida 2013）
図中の数字は発掘調査の西暦年.

八四）。

マンチン遺跡は大規模であるが、どのくらい大きいのだろうか。身近な例で比較すると広がりのイメージがつかめるのではないか。マンチン遺跡の広さは三八〇haである。日本の弥生時代の大規模集落で、大阪府和泉市と泉大津市にまたがる国史跡・池上・曽根遺跡が八一ha、奈良の都平城宮は一二〇haである。野球場の東京ドーム（四万六千七五五㎡）を例にとると、池上・曽根遺跡はその二倍弱、平城宮は二・五倍、マンチン遺跡は八倍強である。

第二次大戦中、遺跡の中央に野戦飛行場が建設され、その際一九三八年にごく一部の調査がおこなわれた。本格的な調査はドイツ考古学研究所のローマ・ゲルマン委員会のヴェルナー・クレーマーによって一九五五年に開始された。以降こんにちまで調査は続いている。

その結果、ラテーヌ前期末（紀元前三二五年）からラテーヌ中期末（紀元前一五〇年）まではこの大集落は壁で囲まれていなかったことが判明したのである。ラテーヌ後期（紀元前約一四〇／一二〇年）になってから、ほぼ円形の居住域に総延長約七㎞以上におよぶ壁が構築された（図48）。といっても西と南側の一部はパール川とイーゲルスバッハ川が壁の役割を果たしたようで、川の内側には壁はない。さらに北の一部には壁の防御も川の防御もないところがあるのも特徴である（Eggert & Samida 2013）。

防壁の素材と量の試算

ここでいう壁は「ガリアの壁」（Murus Gallicus）として有名であるが、この呼称はカエサルが『ガリア戦記』に記しているため広く知られるようになった。ガリア戦記の執筆年については諸説あるが、紀元前五二年とすると、マンチンに壁が築かれたのはそれよりも約八〇年さかのぼる（図49A）。壁の構造に関する発掘の成果とカエサルの記述がよく対応するので、カエサルが記述するよりも時代をさかのぼって、ケルトの部族社会に城塞集落の堅固な壁の構築技術が成立していたことを意味する。またマンチンの位置はガリアからは東に遠く離れているにもかかわらず壁の構築法が酷似するのは、ケルトの社会にこの構築法が広く行きわたっていた証拠である。

城壁の堅牢さをカエサルはどう書いているのか。第七巻二三節で壁がどのような手順で造られるかをかなり詳細に記述して後、「完成したものは、外観上変化に富み見苦しくな

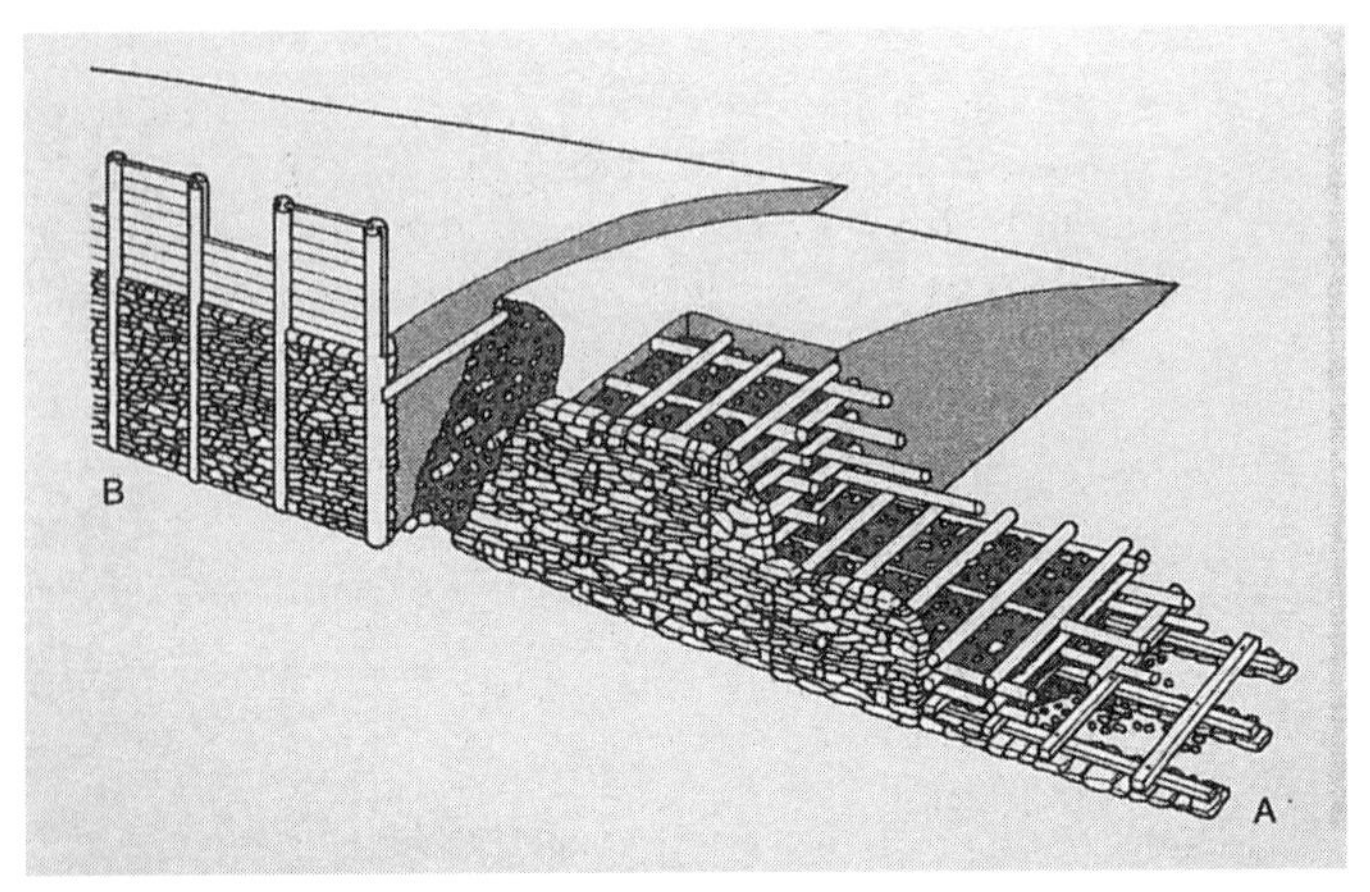

図49　マンチン遺跡にみる2種類の防御壁（Eggert, Samida 2013）
A：カエサルの『ガリア戦記』に記されている「ガリアの壁」の構造。B：「ガリアの壁」が築造されなくなってからは，「木の支柱を等間隔に立て，石で化粧張りした城壁」が造られた．

い。――材木と石が交互にまざり合い、しかも各層が水平に保たれているからである――のみならず、町の実際的な防衛の面でも、目的に非常にかなった構造となっている。というのも、火災からは石が、破城槌からは角材が、城を守っている。角材はだいたい長さが十二ｍもあり、これらが、内部で次から次へと横木で固くしばられているため、破城槌で突き破ったり、粉砕したりできないのである」と（『ガリア戦記』訳書二六〇頁）。

「ガリアの壁」が崩壊後は、木の支柱を等間隔に立て、石で化粧張りした城壁が造られた（図49Ｂ）。また、門は壁よりも中に引っ込ませて矩形の広がりを設けた特徴ある構造であった（図50）。

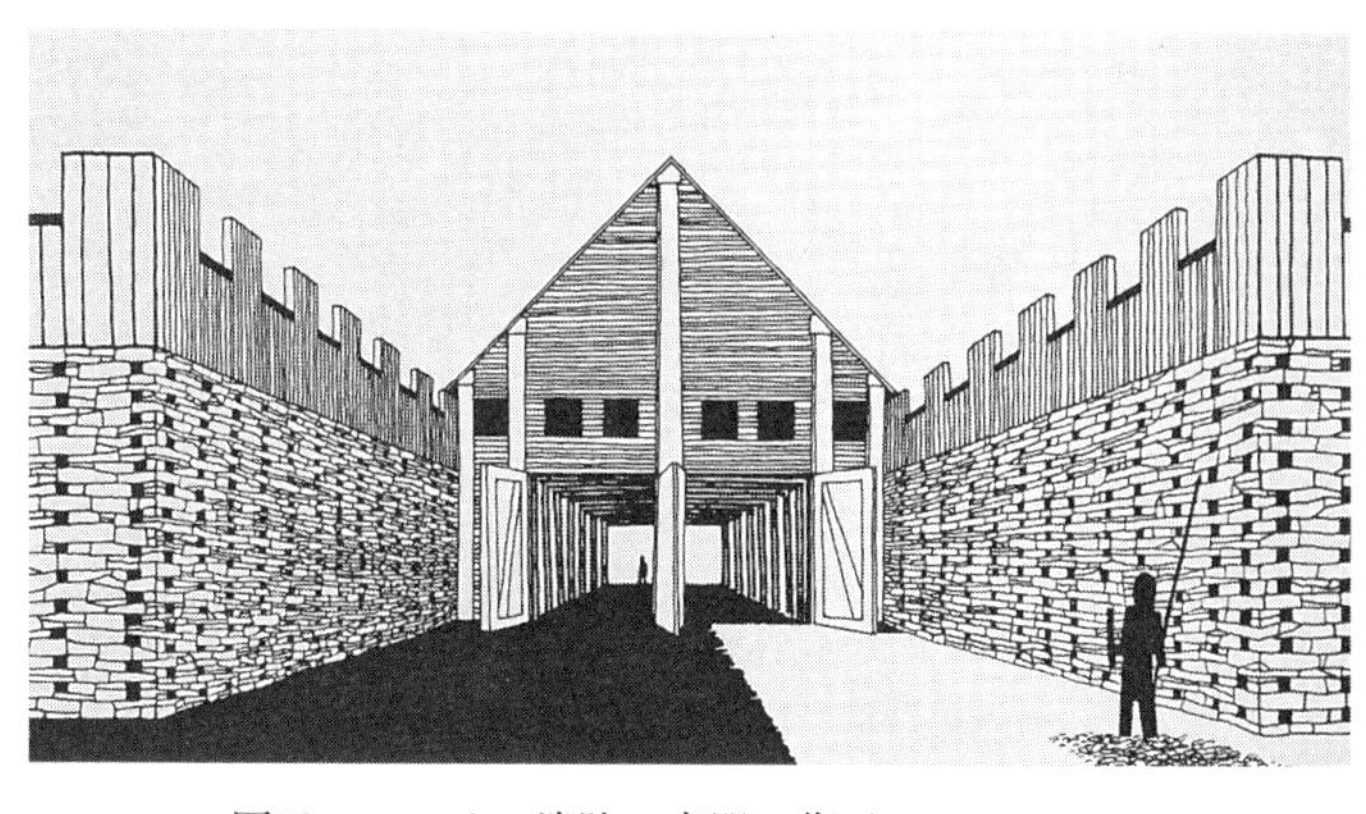

図50　マンチン遺跡の東門の復元（Krämer 1975）

壁のない部分があったとはいえ、ラテーヌ後期に築造された壁には、厖大な労働量が投入された。効率的な組織と協同が前提となることはいうまでもない。推計の詳細データはしめされていないが、M・エガートによる推計では、壁の前面に必要な石灰岩はドナウ川などの水路を使ってシュヴァーベンの中級山岳地から運ばれ、その量は約六九〇〇㎥。壁に充填する石と土が九万㎥。壁の背後を固める補強の土が一〇万㎥、壁の木枠の構造材は木材相互の間隙をふくまない実体積で一万一〇〇〇㎥。木材をとめるクギが二ｔである（Eggert & Samida 2013）。

オッピドゥムとは　W・クレーマーが組織的な調査を開始してから最初の調査成果をまとめた論文のタイトルは「マンチン、ドナウ沿いのウィンデリキー族のオッピドゥム」である（Krämer 1958）。オッピドゥム（Oppidum、複数形はオッピダ Oppida）とは何か。これもカエサルが『ガリア戦記』でケルトの防御集落にオッピドゥムをあてたことによる。ホイネブルクもマンチンも、紀元前一五年にアルプスを越えてドナウ川沿岸まで攻め込んだローマ軍によって最終的に征服された。ケルト人が自分たちの城塞集落をどのように呼んでいたかの記録があればそれが伝わったはずであるが、ケルトの部族社会は無文字社会であったので、ローマが呼称を記録しない限り伝わらない。だからW・クレーマーはこの論文で、カエサルがオッピドゥムと呼んだ防御集落をケルト人がどのように呼んでいたかは、ローマがドナウ川右岸に侵入した頃にはすでに忘れ去られていたと推定している。

オッピドゥムとは、語源的には壁と溝で守られた要害の地、壁と溝で守られ防御された場所の意である（Filip 1969）。中部ヨーロッパに限定しても、オッピドゥムは、小規模な氏族の防御集落から大規模で部族の王侯の居城・城塞集落をしめすホイネブルクやマンチンの例まであるので、すべてのオッピドゥムに都市的性格を結びつけるのは誤りである。

村か都市かという議論はオッピドゥムの性格に関することであって、元々の語義の問題とは別である。ウィンデリキーは、南部ゲルマーニア（現バイエルン地方）にいたケルト系の部族で、ドナウ川上流からアルプス山脈までの地域にもっぱら住んでいた。そのためこの居住域をウィンデリキアと呼んでいる（松原二〇一〇）。

城塞集落の構造

ラテーヌ後期になり集落全体に壁が築かれて以降の話であるが、城塞集落の北側はドナウ川へ連絡する良好な港であった。居住域の中央部は交易のネットワークの要で、縦横の広がり五〇m×八〇mくらいの舗装された場が設けられ物資の一時的な集積所と市場の跡だと推定されている。一方南側の建物は、農場に関する建物群、倉庫群、手工業生産に関する建物、長大な建物は貯蔵庫であろうとされる。

南西の部分は湿地帯である。壁が築かれなかった部分は農業に従事した人びとの居住域で、湿地帯の土壌は沼鉄鋼が豊富であったのでそこから鉄を抽出したといわれている。集中的な居住が確認されている場所に接して、壁が構築されていない北側のエリアでは、土壌の微細植物学的な調査により、間違いなく農耕がおこなわれていたことがわかった。ドナウ川に連絡する港、農業用の耕地などの関係で壁が巡らされなかったのか。壁の構築がなかった理由はまだ解明されていない。

多様な生産物と交易

集落内での農業生産では、まず栽培の中心はオオムギとスペルトコムギで、それに次いでキビ、ヒトツブコムギ、エンマーコムギ、エンバク、コムギ、ライムギである。また、レンズマメ、ソラマメ、ケシ、ヘーゼルナッツ、果物類が食べ物に供された。

農業生産のほか、鉄器、青銅器の製作、鉛、貴金属ほか、骨製品、牙製品、織物やガラスの生産の工房も発見されている。陶器の焼成窯も三基発見された。中央の居住域では八〇〇以上の剣、槍、盾など各種武器が発見され、打ち出しによる金、銀の貨幣の生産もおこなわれている。こうした集落内の厖大な生産物の出土とともに地中海域からのワイン用のアンフォラ（両取っ手付きの壺）や、北ヨーロッパの海岸部から搬入された琥珀など、ヨーロッパの南北におよぶ交易網を知ることができ、マンチンがこうした経済交易活動の中心の一つであったことを如実にしめしている。

平地の村か都市か　高城であるホイネブルクに比べるとマンチンは平城の城塞集落である。ケルトの防御集落も時代が下ると高城から平城に推移する傾向にある。歴史的展開の方向は世界各地でも同様であり、この逆ではない。では、マンチンをケルトのオッピドゥムと呼ぶとき、それは村なのかそれとも都市なのか。遺跡の歴史的評価にはどこでも論争が起きる。それはある意味で学会をはじめとする研究コミュニティーが健全な証拠である。

戦後調査の初期段階を牽引したW・クレーマーの最初のまとめの論文と、調査二〇年の成果を要約した論文は、発掘された遺構・遺物の手堅い記述で占められ、さまざまな解釈には禁欲的である。遺跡の広がりからすれば調査はごく限られた範囲に過ぎないからであろう（Krämer 1958, 1975）。

評価と論争は多岐にわたるので、M・エガートに依って要点だけしめしたい（Eggert & Samida 2013）。一九八四年に、イギリスのJ・コリンズがカエサルの『ガリア戦記』にでてくるアルプス以北のオッピドゥムを初期の都市として説明したことに触発されて、論争が起こったという。ただ、ドイツではすでに戦前の一九三九年にJ・ヴェルナーがカエサルのいうオッピドゥムはまさに都市だと主張していた。一九八九年にはA・ブースによってラテーヌ後期のオッピドゥムは初期の都市であるとしてその要素を七項目挙げている。しかしそれは古典古代の情報をもとに基準を立てていてマンチンの発掘の成果は無視されている。

二〇〇〇年代に入ってS・シュライバーの包括的な論文がだされ、「オッピドゥム」イコール「都市」という評価を問題視した。「都市」、「中枢（中央）の場」、「オッピドゥム」の概念をマンチン遺跡を例に説明しようとしている。実際は「都市」と「中枢の場」をめぐって多大の頁を使って議論している。ただ、オッピドゥムが都市の性格に相応しいか否かの議論と、マンチンの調査で蓄積された厖大な発掘成果とが噛みあっていない（Schreiber 2008）。

この問題は考古学だけでなく早くから広い分野に影響し、ギリシャ古代史研究のF・コルプがすでに都市概念の問題を提起している（Kolb 1984）。その序文には、オリエント、ギリシャ、ローマなどの古代都市を、集落地理学の概念を重視して取り上げることを記している。結論的に都市としての集落の定義の基盤を以下のように六項目でしめした。

一、地理的・行政的に居住域が閉じていること。
二、人口が少なくとも一〇〇〇人はあること。
三、労働の分割と社会階層の分化があること。
四、建物群が独立して立てられ分割されていること。
五、都市的な生活様式。
六、住居群が周辺に対して中央（中枢）として機能していること。

コルプはこの定義の前に社会学者M・ヴェーバーの言う都市の概念を紹介しながら理念型としての特徴を簡単に要約している。要するにヴェーバーの都市概念を追認しつつ、それに加えて現代の集落地理学に依拠して歴史的時代に限定されない「中央（中枢）の場」の概念を取り込んで都市を定義しようとするのである。もっとも、五番目の項目は都市の定義の中に都市的生活を出しているが、これはトートロジー（同義反復）であり無意味である。

これに対してM・エガートは考古学者としてマンチンの厖大な発掘成果を踏まえて批判を加えている（Eggert & Samida 2013）。考古学的な課題に問題を設定し直すと、遺構と遺物の実相にもとづけば、物的なヒエラルヒーの重層的な概念をくみ上げることができる。個別の家屋、小集落、村、都市という具合である。マンチンについて都市を問題にするならば、それはローマやアテネとは違い、アルプスを北に越えた地域でのことである。ラテーヌ期の中期のまだ防御壁に囲まれていなかった集落は「都市へ傾斜した」集落を意味するだろうと。コルプをはじめ他の研究者の主張する都市の基準を取り込むのは慎重であるべきであるとし、「中枢の場」の用語をとおして都市の概念を一般化するのも助けにならないと批判する。エガートは、壁が築かれた後も村から都市への移行期の様相としてウィンデキー族のオッピドゥム・マンチンをとらえているのである。

私見を加えるならば、ラテーヌ後期になって周囲に堅固な城壁「ガリアの壁」が構築された後も、壁が築かれなかった部分の防御はどうなっていたのかなど、まだ発掘で解明されていない。そもそもなにゆえ壁が築造されたのかは未解明であるという。また中心部に接して大集落の中に耕地が広がり、それがどの程度広がっていたのか。交易の中心地として地中海や北海からの貴重な製品や素材が集積されていた事実は紛れもないが、多様な手工業生産品の生産や、遠隔地の製品・素材の交換に使われた金・銀の貨幣の鋳造と打ち出しなどは、基本的に集落内で場所を違えて生産されているので、特定の生産部門の大部分がマンチンの大集落以外のどこかに依存していたという証拠もまだ明確ではない。

こうした点をふまえるならば、一見ナイーヴな見解と思えるエガートの結論は、フィールドワーカーとしての考古学徒の立場からは支持されるのではないか。巨大な城塞集落と理解するのが妥当であると思われる。

M・ヴェーバーの都市類型論

いまみたように、M・ヴェーバーの都市の定義がしばしば取り上げられている。コルプだけでなく、多くの研究者がふれているが、依って立つ「理念型」論の根拠や、この概念的な枠組みに今日でもどのような問題解決能力があるのかについて掘り下げた議論がないのは残念である。

考古学、歴史学以外の分野に広がって複雑に展開する理念型をめぐる議論や論争を問題にするのではなく、あくまでも考古学の調査研究との関連で、遺構遺物の調査の実証的な成果とそれを概念的に把握する作用に視点を限定して、理念型としての都市の定義のあり方について簡潔に眺めてみよう。

都市の概念と種類は、『都市の類型学』（ウェーバー一九二〇／邦訳一九六四）の冒頭にあり、

一、都市の経済的本質、市場定住

二、「消費者都市」と「生産者都市」

三、農業との関係

四、経済段階としての「都市経済」
五、政策的・行政的都市概念
六、要塞と衛戍地
七、要塞と市場の統一体としての都市
八、西洋における都市「ゲマインデ」の団体的性格と「市民」の身分的性格、東洋における この両概念の欠如

以上の八種類があげられている。

一が最も単純な基準で、都市のただ一つの共通性は、散在的でなくまとまった定住＝一集落でこれに純粋に量的な指標が結びつけられ、都市とは大集落である、とされる。以下二から八に向かって次第にさまざまな要素や機能が加えられて複雑な定義に進む。個々の項について取り上げるのは省略するが、ヴェーバーの都市類型論は階層性の論理とは別の平面の類型論である。そのため、編年論的、分布論的時空分布の限定による追証や反証の問題とはリンクする術をもっていない。

だから、マンチン遺跡などの考古学的成果にもとづく遺跡の性格の評価をヴェーバーの都市の諸類型に向かって遡及させることは誤りである。そうすることは理念型概念の適用の誤りであり、理念型から演繹して発掘成果の実態を評価することは、してはならない誤

りである。

それはなぜか。「理念型はむしろ、純然たる理想上の極限概念であることに意義のあるものであり、われわれは、この極限概念を規準として、実在を測定し、比較し、よってもって、実在の経験的内容のうち、特定の意義ある構成部分を、明瞭に浮き彫りにするのである。」と、一九〇四年に書かれた『社会科学と社会政策にかかわる認識の「客観性」』に明記されている（ヴェーバー一九九八補訳一一九頁）。また「理念型は、まさしくそれ自体の非現実性を露呈することによって、その論理的な目的を果したといえる」ともいう（同補訳書一三九頁）。つまり、特定の現実から抽象された概念ではなく、そのままの形では実在しない思惟像として構成されたものである。だから「理念型と実在とが互いに混同されるという危険」についてもヴェーバーは注意を喚起している（同補訳書一三八頁）。

また理念型は類概念でないともいう。それはどういうことか。例えていえば、ギリシャ、ローマ、西アジア、東アジアなどの都市の実態から共通性などを抽象して概念化したとする。この場合抽象された概念は類概念と呼ばれる。抽象化されているので内包は豊かでないが、外延は多様な要素都市の要素をふくみ豊富である。逆に個々の地域の都市概念は抽象化された類概念に対しては種概念である。理念型は類概念ではないということは、こうした個々の多様な都市実態を抽象化した構成物ではないということである。

理念型と反証の可能性

ここに理念型論の大きな問題がひそむ。自然科学、人文・社会科学を問わず、現代の科学では、実証研究の蓄積の上に仮説を立て、それが研究の進捗によってプラスかマイナスにテストされる。理念型が実在からの抽象ないし総括によらない思惟像であるというのであるから、ここでは発掘の進捗と置き換えてもいいが、実証研究の進捗によって反証されることが原理的に成り立たない。ということは、ある理念型は一度構成されたら何があっても倒れない。つまり平たく言えば潰れる条件を提示し得ないのである。科学論からする検証理論がほとんど未発達であったいまから一二〇年程前の著作に、かなり複雑・多様に理念型の議論が展開されている。もし考古学の分野における都市の概念をヴェーバーに依って問題を立てるのであれば、いま記した問題に明快に回答をあたえる必要に迫られる。理念型も反証に開かれる可能性はあるとする弁護の議論もあるが、明快な結論の提示はない（世良一九七五）。

少し理屈っぽくなってしまったようだ。天井の魔界の議論から地べたの現実界に話をもどそう。巨大な遺跡の調査は、土地の買い上げや私有権、さまざまな開発と遺跡の保護の相克があり、予算、期間、調査体制などの条件が整わないと困難である。マンチン遺跡の調査済みの面積の累計はドイツ国内でも突出して広い。二〇〇二年段階で二六haになるといわれている。とはいえ、これはまだ遺跡全体の約七％である。遺跡中央部の中心的な施設が集中する部分の、一九七〇年代における調査の責任者はローマ・ゲルマン委員会のフランツ・シューベルトであった。フランツの弟のエッケハルト・シューベルトも同委員会でマンチン遺跡の調査にたずさわっていた。九〇年代にわたしがエッケハルト・シューベルトに遺跡の調査の説明を受けた際、調査体制の苦労の一口話をしてくれた。「発掘調査の作業員の確保には苦労する。イタリアからの出稼ぎで来ている作業員などがエトルリアの土器を発見したりすると、これはうちのクニの土器だが、いくらで売ってくれるのかね、などと聞かれたりだよ……」と。

発掘の特徴と概念的な把握

発掘の現実はスコップによる土の一起こし、移植ゴテによる土の一削りから始まる。これは世界共通である。大きな遺跡を多人数の体制で調査すれば、重機をふくめスコップや移植ゴテの千回、万回、数十万回、数百万回、数千万回の作業によってさまざまな遺構が発見され、考古学的方法で遺構の評価がおこなわれる。では、こうした作業を長年繰り返していれば、歴史学と共有可能な遺跡の評価に自動的に到達するのか。答えは、否である。進捗の要所でかならず概念的な把握が必要となる。その時に理念型論が問題解決能力のある枠組みであるか否かをいま問題にしているだけである。

実証研究の進展のなかから仮説をモデルとして提起し、調査研究の進捗によってテストし、それを修正ないし廃棄する、という過程は通常の経験科学では共有された手続きである。人文・社会系の諸科学は自然系の科学とは性格が異なるとして特殊化の方向に独自性を見いだそうとする傾向は強いが、根本は自然科学も人文・社会科学も同じである。論理的な言明だけで明快にテストできる分野もある。実験による追証・反証が可能な自然科学もあり、また観察はできるが実験できない天文学のような自然科学もある。逆に観察や実験を主とする社会科学の裾野も広い。とはいえもちろん人間に接近すればするほど地域差や機能などの問題と格闘することになる。考古学も人文科学とひとくくりできるものではなく、いまでは内容を見ると、環境考古学、動物考古学、植物考古学、実験考古学、民族誌考古学、地（Geo）考古学、遺伝子考古学、ジェンダー考古学、認知考古学など、多様に展開している。それぞれ成果のだし方や進捗のスピードも多様である。

追証と反証と考古学

マンチンのような巨大集落オッピドゥムが、ウィンデリキー部族の村なのか、都市なのかの議論は、調査の進捗と仮説の追証と反証のサイクルが一〇年単位くらいでスパンが長くかかる。また追証と反証が明快におこなわれるというよりもゆるく部分的にとどまり、その検証過程自体に何らかの解釈が入らざるを得ないという特性がある。これは考古学の欠陥ではなく、おもに資料に由来する特徴である。特定部分の証拠が欠けているが周辺の証拠がしっかりしていれば、ない部分を推定することは可能であり許される。しかし存在しない物的基礎から立論してはならないのが考古学の原則である。

だから、M・エガートがマンチンを、都市へ傾斜した集落、村から都市への移行期の様相としてとらえているのは調査の現状からして妥当な判断であろう。息の長い調査である。集落内の農業構造と都市風の村落居住形態がどのように重なり合っていたのか。分化した手工業地区、商業地区、祭祀建物群、政治上の中央行政建物群の集落内配置、農業と商業の労働の分割、手工業的な小経営と高度に組織化された労働諸組織がどんな関係に立っていたのか。オッピドゥム内の農業経営で食料供給が充足されていたのか、あるいは周辺の庇護農民やその耕地がオッピドゥム内の住民にとって必要不可欠な存在であったのだろうか。本来無文字社会であったケルトの世界でラテーヌ後期に発見された鉄筆の存在は、文字の使用をしめし、土器の表面を鉄筆で刻んで書いてあったギリシャ文字は、どの程度の割合かは不明ではあるが、おそらくギリシャ語の運用能力があったこともしめしているなど（シューベルト一九八四）、今後さらなる調査の進捗と概念的な把握の相互点検の課題は多様である。

ドナウ川上流域がローマの支配下に

紀元前一五年にローマ軍がアルプスを北に越えてドナウ川の沿岸まで侵略したことにより、マンチンは破壊されローマに征服された。その時マンチンの大集落にいたケルト人は周辺のケルト人とともにどこに行き、どこにとどまったのか。大集落から逃れて小さな村に避難したのか。それを考古学的に明らかにするのはむずかしい。貨幣鋳造のスペシャリストはどうしたのか。ガラス製品の製作者や陶工集団や商人はどうしたのか。経済的基盤を失ってどこへ散ったのか。個々の小規模な集落遺跡からケルトとゲルマンの遺物が共存して発見されるので、どうやらケルト人とゲルマン人の集団は在地の生活を共存して営んでいたのではないかと推定されている。しかしケルトの複数のオッピドゥムに象徴されるオッピダ文化は、ローマと次第に力を増してきたゲ

マンチンの終焉

ルマンの両者からの圧力のもとに、不安定で困難な状況に追い込まれて次第に終焉へと向かったと思われる。ただ、ケルト衰退の実態はよくわかっていない（Rasbach &Hüssen 2003）。

ローマの進出

ローマ軍がドナウ川まで進軍した際、占拠地としてここぞと狙いを定めた要所には最初に木柱を立てたという。その地点の占拠が確実なものとなると、川岸に軍隊の宿営の施設を建設した。ローマが占拠した地域はローマの属州として州名を定めた。ドナウの沿岸南の地域は源流に近い地域はラエティアと呼ばれ、属州の州都は最初アルゴイ地方のケンプテンに置かれたが、紀元後二世紀以降はアウグスタ・ウィンデリコルムの名の州都が置かれた。現在のアウグスブルクである。ラエティアの東、ドナウの南岸からアルプス山地の地方はノリクム州といわれウィルヌムが州都である。現在のオーストリア、ケルンテン州のクラーゲンフルトにあたる。ただここはアルプス山脈の脊梁を南に越えた地にあって、もうスロヴェニアの国境に近い。

ドナウ川の右岸に沿ってリーメス（Limes）と呼ばれる辺境防壁が西方向に延々と築かれ、要所に見張りの塔が建てられた。その際、マンチンの城壁は完全には破壊されなかったようであるが、城門や防壁の表面に化粧張りした石灰岩を突き崩して見張りの塔の建設に供されたようである。マンチンの西三㎞の地点にも城が建設されたが、ここにもマンチンの壁の石灰岩が供給されたと思われる。

ローマ帝国が領土をドナウ川の南岸まで広げ、ドナウ川がローマ帝国とゲルマーニアの境界となり、ドナウの南の岸に多くのローマの要塞が築かれた（図51）。紀元後三世紀にもなるとドナウ川を北にはるか越えてラエティアの辺境防壁が造られるが、ドナウ川まで進出してまだ年数が浅かったころ、ドナウ川の北岸の地域にはローマの影響はどの程度およんでいたのだろうか。

古代ローマ帝国の中心から見ればドナウの岸はまさに辺境で、ケルトの部族は衰退したがゲルマンの諸部族はローマの支配下には入っていない地域が、ドナウの北から現在の北ドイツまで広がっていた。だからこの地域は「自由ゲルマーニア」（ゲルマーニア・リベラ Germania libera）と呼ばれた。一方、比較的早くローマの支配下に入ったライン川の左岸地域は「ローマ支配下のゲルマーニア」（ゲルマーニア・ロマーナ Geramania romana）と呼ばれている。

洞窟にもあまねく

川は人の交流の分断と結合の両面をそなえている。ドナウ川も同じであろう。川のフロントを介してローマの影響はドナウの北沿岸にどの程度あったのか。おそらくこれは考古学的な遺物に聞いてみなければならないだろう。

旧石器時代のネアンデルタール人のところでヴァインベルク洞窟遺跡について検討した

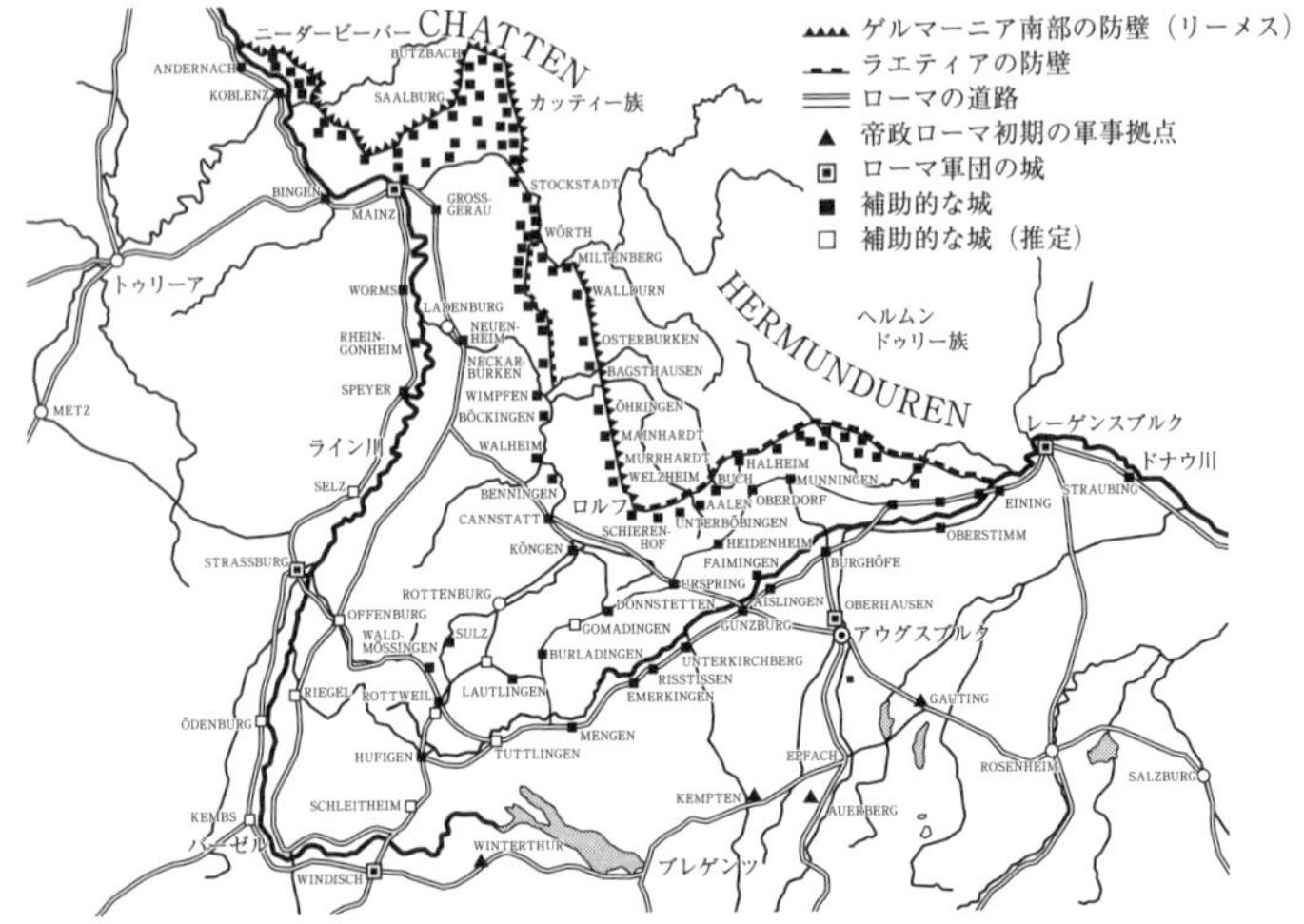

図51　西南ドイツ地域のローマの支配（紀元前15年から紀元後260年まで）

（Jankuhn 1969）

帝政ローマ初期はアルプス北麓のガウティンク，アウアーベルク，ケンプテン，ヴィンターテューア，バーゼルなどに軍事拠点が置かれ，ドナウ川の右岸に接して多くの城（要塞）が築かれた。このころローマの支配はドナウ川より北にはおよばず，ドナウ川が実質的な防壁の役割を果たした。その後紀元後3世紀までに西南ドイツの広い範囲がローマの支配下に入り，長大な辺境防壁（リーメス）が造られた．

(図1の6番)。この洞窟は細かくいうと第一、第三、第四洞窟というように開口部が分かれる。第三洞窟と第四洞窟の入口付近からはローマ時代の土製のランプが、数こそ少ないが発見された。注目すべきは第三洞窟からはオクタヴィアヌスの名を浮き彫りにしたランプの蓋が発見されたことだ。オクタヴィアヌスはローマ帝国最初の皇帝(在位前二七－後一四年)のアウグストゥスのことである。同じく第三洞窟のテラス部からは第一四代のハドリアヌス帝の銅製のコインが発見された(Pressmar 1974)。どのような経緯で洞窟にもたらされたかはわからない。洞窟に居住していた小集団が残したのか、それともだれかが一時的なビバークで立ち寄ったときに偶然残したものだろうか。どちらにせよ、帝国と部族社会は境界の川を介して何らかの影響や接触があったことは間違いないだろう。ほんのわずかな証拠でも、考古学の遺物がしめす物証は貴重なものである。

辺境の防壁

ライン川の上流域では、紀元後三世紀にはライン川の右岸のかなり奥深くまでローマの配下に入る。ローマが築く辺境の防壁も、コブレンツ近くのライン右岸にあるニーダービーバー付近からほぼ南南東に伸びる。一方ドナウ川に臨むケールハイム付近から西に延びるラエティアの防壁は、ゲルマーニアの防壁とロルフという小さな町付近で結合する(図51の中程)。ところが紀元後三世紀になると、ゲルマン人の攻撃が活発になり、この辺境の防壁が何度も破壊にあったことが知られている

図52　ドナウ川を中心に拡大していった都市（撮影：小野満治子）

(Jankuhn 1969)。

マンチンが位置したインゴルシュタットからドナウ川に沿って六十数㎞下るとレーゲンスブルクである（図52）。ここにはケルトの集落があったが、ローマはその跡に紀元後九〇年前後要塞を築いた。その後一七九年に皇帝マルクス・アウレリウス（在位一六一－一九八年）のときに城（カステラ・レギーナ）を築いた。ここはドナウ川が最も北に流れて突出し、それから急に東南に流れを変える屈曲点にあたり要衝の地であった。ラエティアの州都アウグスタ・ウィンデリコルム（アウグスブルク）に次いで重要な地域の城の位置を占めていた。この付近に居住していたのはゲルマーニアのナリスティー族であった。帝政期ローマの歴史家タキトゥスは『ゲルマーニア』の中で、ゲルマーニアとローマ帝国領の境界をなすドナウ川のほぼ東西方向に上流から順に、ナリスティー族、マルコマンニー族、クァディー族が居住してローマに対峙していたことと、その部族の王たちのことをごくわずかであるが記している（『ゲルマーニア』

訳書二〇二頁)。

国境の町パッサウ

　レーゲンスブルクからさらにドナウを下ること百十数㎞でパッサウにたどり着く。現在のドイツとオーストリアの国境の町である。紀元前二世紀ごろ、ローマの圧力で北に逃れたケルトのボイイ族がドナウ川とイン川の間に集落を開きボイオドゥルムと呼ばれた。その後紀元後二世紀の半ばにローマ軍の要塞が補助的な城として両河川の別の場所に築かれ、ローマ軍支援部隊のゲルマン人の部族の故地の名をとってバタウィスというローマのコロニーが生まれたとされている(Filip 1969)。

　パッサウは三つの川が合流する町であることでも有名である。ドナウ川は西から東へ流れ、イルツ川は北にあるボヘミアの森から南に流れてドナウに流れ込む。イン川はスイスの山岳に発してオーストリアのインスブルックの町を貫き、ドイツ・バイエルンの州都ミュンヒェンの東側を北に流れてパッサウでドナウに合流する。川面の色が違うので合流のようすがよくわかる。周囲の草地から雨水を集める程度の水源から流れだし、ここオーストリアとの国境では二つの川をひきうけるドナウは川幅三五〇m以上になって流れる。

　アルプス四氷期説のギュンンツ、ミンデル、リス、ヴュルムの標識地名もみなドナウ川にそそぐ支流の川の名であったことが想い起こされる。まことにヘロドトスが言うように「イストロス(ドナウ)は……(中略)……スキティアの河川の中では最も西部を流れる川で、これを最大の川たらしめているのは、他の河川がこの川に注いでいるからである」（松平訳一九六七）という記述が納得できるのである。ドナウはここでドイツを去ってオーストリアに流れてゆく。

埋蔵記念物の保護とその広がり

ドイツの特徴ある保護制度と保護法

現在からの価値評価

ドナウの源流からパッサウまでの間に旧石器時代の洞窟遺跡、新石器時代の低湿地の遺跡、青銅器・鉄器時代の墳丘墓や丘の上の城塞集落、そしてローマの要塞まで、さまざまな遺跡が展開するのを見た。

本書のプロローグにもしめしたとおり、残っていれば自動的に文化財（記念物）になるのではない。調査研究の結果、現在からの価値評価によって位置づけられた、いわば現在の目によって再発見された過去として、遺跡が文化財として保護されているのである。つまり「文化財は残った」のではなく、「文化財になった」のである（小野二〇二〇b）。

その意味で、各章で紹介した遺跡はすべて発見、調査、評価を経ていまわたしたちの目の前にある。旧石器時代の洞窟遺跡は他の遺跡に比べて保護が比較的容易である。マンチンのように巨大な広がりのある遺跡の場合は、公有地化されて保護されている場所は良いが、それ以外の私有地では、道路の建設やさまざまな開発にともなう事業と遺跡の保護は常に衝突する。こうしたことは世界中でおきている共通の事態である。しかしその中にも各国ごとに違いは大きい。ドイツの特徴を簡単にみておくことはドナウ川周辺の遺跡保護の背景を考える一助になるのではないだろうか。

保護法の一国一六法制

日本の文化財保護法は一つである。一国一法制である。ドイツは一国一六法制である。連邦基本法第七四条にもとづく「ドイツ文化財の海外流出防止に関する法律」（一九五五年制定）以外は、記念物保護に関してドイツ連邦共和国には立法上、行政上の権限はなく、すべての権限は各州にある。ドイツの州は、ラント（Land）と呼ばれているので「邦」とするのが正しいが慣用にしたがう。端的にいってこれがすべてを物語っている。日本やフランスの集権に対してドイツの分権が突出している。

一九九〇年一〇月三日には、東が西に吸収される形で東西両ドイツが再統一され、一六の州からなる連邦共和国となった。バーデンヴュルテンベルク、バイエルン、ベルリン、ブランデンブルク、ブレーメン、ハンブルク、ヘッセン、メクレンブルクフォアポンメルン、ニーダーザクセン、ノルトラインヴェストファーレン、ラインラントファルツ、ザールラント、ザクセン、ザクセンアンハルト、シュレースヴィヒホルスタイン、テューリンゲンである。

つまり一国内に一六の異なる記念物保護法ないし法令が並存している。なお、ベルリン、ブレーメン、ハンブルクはそれぞれ一都市であるが州の資格があたえられているのでさらに複雑である。

人口も面積もずいぶん異なる。例えばブレーメンは人口六六万、面積四〇四㎢であり、一番広いバイエルンの人口の一七分の一、面積は一七五分の一である。

本書でふれた遺跡は、バーデンヴュルテンベルク州とバイエルン州の記念物保護法のもとにある。バーデンヴュルテンベルク州の保護法は一九七一年制定で、直近の改定は二〇〇七年であるが、市民の関心に根差した郷土史の舞台も保護の対象として明記されている(Denkmalschutzgesetz Baden-Württemberg)。バイエルンの保護法は一九七三年に制定され、直近の改定は二〇二三年である(Bayerisches Denkmalshcutzgesetz)。

ドイツとEU　一九九三年に成立した欧州連合(EU)にあわせ、ヨーロッパでは一九九〇年代から二〇〇〇年代のはじめにかけて文化的統合の促進に連なる行事が盛んにおこなわれた。博物館では現在のヨーロッパ域に広く居住していたケルトの特別展を開催して領域的統合を象徴するなどの試みも多くみられた。考古学界でも一九九九四年には「考古学者ヨーロッパ協会」(European Association of Archaeologists：ＥＡＡ）が設立された。現在一万五〇〇〇人以上を擁する個人参加の組織で、本部はチェコのプラハにある。ＥＵ加盟国間でも文化財保護の状況は多様であるので、抱える問題の違いと共通点について実践的な指針を立てるべく、一九九九年にはフランスのストラスブールで文化財保護の実務者会議がヨーロッパで初めて開催された（Lüth, et al. 2000）。これはＥＵとして文化財の保護をどうするかについての初歩的な第一歩であったが、国民国家の枠を超えて埋蔵文化財の問題を具体的に議論した初めての経験でもあった。

ではＥＵの中のドイツはどんな特徴があるのだろうか。分権性がその特徴である。ＥＵと構成各国の関係が、あたかもドイツ連邦共和国と各州の関係と二重写しの入れ子構造のようにみえてしまうのである。

二〇〇〇年九月にポルトガルのリスボンで開催された「考古学者ヨーロッパ協会」第六回大会のラウンドテーブルで、ヨーロッパにおける文化財保護法の問題がとりあげられた。最小限の原理的共通点をもとめ中長期の見通しをめざして議論がおこなわれたが、あまりにも多様で収拾がつかなかった。国際記念物遺跡会議（ＩＣＯＭＯＳ）の「考古遺産管理国際学術委員会」副議長オランダのＷ・ウィレムスがそう嘆いていた。ただ付けくわえて「問題が多いということは、可能性も大きいということだ」とも。

こうしてヨーロッパ全体で大きなうねりがおきているころ、バイエルン州の埋蔵記念物保護の問題と実際について調べる必要に迫られ、いくつか確かめることにした。質問をたずさえ、二〇〇一年一〇月にミュンヒェン市の中央にあるバイエルン州記念物保護局に、埋蔵記念物保護の責任者のE・ケラー博士を訪ねた（図53）。

バイエルン記念物保護局

この時の焦眉の課題は、保護法に事前の行政調査における費用の原因者負担の規定がないので、これをどうするかであった。一九九〇年の初頭から、増大する緊急発掘調査に私的資本による発掘会社の参入が目立ちはじめ、専管的にこの問題に当たってきたバイエルン州記念物保護局もこうした事態に次第に対応が苦しくなっていったのである。保護法の条文にこれをどのように明記すべきかで州内の各政党で多様な議論がおこなわれ、選挙の争点にもなっていた。

州ごとに保護法が異なるドイツでは、州の境界に広がる遺跡の場合、保存や修復に関する相互の調整はどうなるのか。隣接のバーデンヴュルテンベルク州とバイエルン州では記念物保護局間で調整した例がないとのことだった。他の州で調整のうごきはあったが、いまだに実現したためしはないという。ドイツの州段階を越え、連邦共和国の枠も越え、EUレベルで文化財保護を共通にどう進めるかの議論が始まっていたので、そのことを聞いてみると、「EUレベルでどのような議論が進もうとも、バイエルンの記念物保護がなんら影響を受けることがないことを最大限に望んでいる」と、バイエルン人の心情を吐露し立場を隠さなかった。たしかに、バイエルンは連邦共和国の一つの州（Land）であるが、正式名称は「自由国家バイエルン」で、呼称としては「国家Staat」である。バイエルン州の記念物保護法の直近の細かな改定は二〇二三年にあったので、最新の詳細は保護法解説の分厚いコメンタール集に当たらなければならない。

図53　バイエルン州記念物保護局

環境・記念物保護と観光の質

土地景観と記念物

本書でとりあげた旧石器時代の洞窟遺跡、湿地の新石器時代遺跡、鉄器時代のホイネブルクなどを訪れると、遺跡の保護と整備や考古学の野外公園的な要素や博物館の野外実習的な実践もふくめ、周辺の自然、土地景観の中に違和感なく調和的に保存されている姿が印象的である。日本の遺跡整備も技術的に質が高く全国に優れた実践例は多数あるが、ドイツの特徴は一言でいえば、余計なものが付加されていないということではないだろうか。

州が違ってもこの点だけは共通していると思う。単に整備されているのではなく、周辺の景観の保護の中に遺跡が位置づけられている。遺跡の見学だけに特化しているのではなく、多目的にさまざまな趣味やレクレーションや散策にも展開できるようになっている。

ほんの一例だが、ドナウ源流域とその周辺を案内する「ジグマーリンゲン」の五万分の一の地形図を見るとそれがよくわかる（図54）。その地図の題名は「休暇地図五二六ジグマーリンゲン、トゥットリンゲン：ドナウ上流の自然公園」である。どういう情報が盛り込まれているか。

地図上に落とされた目印や記号で数えてみると、通常の地図情報のほかに、ツーリストが訪ねてみるべき博物館や遺跡をふくむ景勝地の印が二三種、スポーツ・休暇関連施設の印が三二種、遊歩道関連の印が一八種、レストラン・駐車場・野外グリルなどツーリスト向けのインフラ情報一八種がすべて記されている。散策によって現在の自分の生活を大切

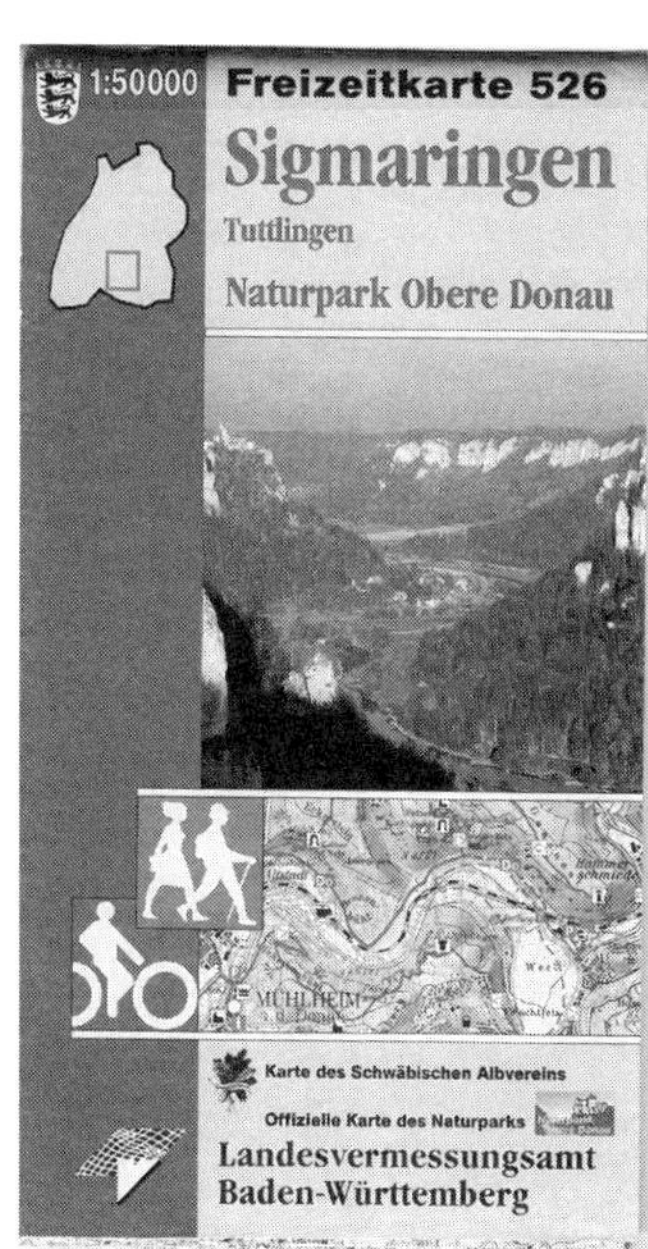

図54　情報満載の休暇用地図

にする、その一環として遺跡公園がある。定着した共通の生活習慣はその背景を前提にしなければ理解はむずかしい。各人がザックに背負っている文化の型であろう。

ホイネブルクでは学校教育と博物館特別プログラムが組まれ、半日、一日、数日のコースもあり宿泊は近くの修道院が充てられていた。体験学習も盛んだが、体験することが歴史を「つかむ」ことだと考えられているようだ。博物館を見てから歩いてホイネブルクまで行って城塞集落の規模を体験し、また歩いてケルトの王侯の墳丘墓をいくつか訪ね、さらに谷を渡って民衆（部族の共同体の成員の）墓を見て、またかなり歩いて出発点にもどる。じっくり回ればほぼ一日がかりである。

「すぐそこよ」と言われ、真に受けて歩いたら一時間もかかったので、なんだよ！と後で言うと「でも、歩けてよかったじゃない……」などと言われるのはよくある話だ。だから「歩かされていやだ」と思うか「歩けるのでよかった」と思うかが分かれ目である。大部分のドイツ人は後者だろう。

周辺と調和する遺跡整備

最初の章で紹介したアッハ渓谷とローネ渓谷の旧石器時代洞窟遺跡群は二〇一七年に「シュヴァーベン山地の洞窟と氷河時代の芸術」の名でユネスコの世界文化遺産に登録された。

一九九〇年代から準備は進められ、学術面に限っても遺跡調査の成果は膨大な数の研究

図55　フォーゲルヘルト考古公園

論文として国際誌に掲載され、また一般への普及の案内書や博物館での特別展など広く戦略的に展開された。

登録申請の準備段階から遺跡の整備は進められてきたが、アッハ渓谷のガイセンクレステレやホーレフェルス洞窟、ローネ渓谷のボックシュタインやライオンマンが発見されたホーレンシュタイン・シュターデル洞窟などは、外観は全く変えず周辺を若干の整備をした程度である。むしろ洞窟内は層序の確認やそれを効果的に見せる工夫、また調査年が古い場合は再調査で状況を確認するなど、申請にあたっての条件整備をする程度であった。

かなり整備をしたのはローネ渓谷のフォーゲルヘルト洞窟遺跡である。ただ、ここもテュービンゲン大学の発掘調査の成果にもとづいて学術的な根拠からはみだすような整備はしていない。遊歩道は作ったが、遺跡に設置された小規模な現場のショップやレストランは低層の半地下に揃えられている（図55）。反対側からみると、ゆるやかな丘しか見えず、その下に設けられた施設は全く見えないよう、自然の景観をこわさないように工夫されている。広い範囲の除草はどうするのかと見ると、ネット状の柵を大きく使ってヒツジを入れ、適宜移動させながら食べる草刈りをさせていた。

背景

今述べてきたことにはもう少し深い背景がある。大規模な遺跡の整備となれば、その延長線上の広がりは周辺の都市景観だけでなく生態系の問題に繋がる。うまく実現できないことはいくらでもあるが、むしろ生態系をよみがえらせること、都市および周辺の美化に貢献すること、人間の保養に役立てることなど、守るのではなく攻める積極的な理念が働いているようにみえる。

バイエルン州の記念物保護法は確かにほかの州と違って、下級機関に大きな権限があたえられている点に特徴がある。市町村が属する下級記念物保護官庁の郡行政庁（Kreis）は、特別なことがない限り記念物保護法の施行について権限を有することが明確に規定されている。上級記念物保護官庁とは、バイエルン州内に七つある県（Regierung）のことである。保護法の解説集にも、「上級記念物保護官庁は、最上級記念物保護官庁宛に文書による案件の提示なくして、保護法について何らの法的決定権をもたない」と記されている(Eberl, et al. 1992, p.213)。

バイエルンの記念物保護にこのような特徴があるからといってすべてうまくいっているわけではない。ケルトの城塞集落オッピドゥム・マンチンのように巨大な広さの遺跡の保護は容易でない。第二次世界大戦中に仮設された野戦飛行場は戦後も移設できず、いまさまざまな地図で地上高くから確認すると、航空会社関係のビルが建ち、整備された滑走路も遺跡の中心と思われるところに走ったままである。

記念物の保護だけではない

記念物保護だけでなく、環境保護の分野でも同じように下級の行政官庁に実質的な権限が多くあたえられているため、施策の取り組みや実践のスピードは早い。氷河が退いていった後に残された湖はバイエルン州で二〇を超える。一九六〇年代の経済成長期の産業排水や生活雑排水による湖の汚染はひどく、「バイエルン州湖水水質保全計画」が一九七一年に策定された。長期目標には「汚染される以前の水質への回復」が、短期目標には「泳げる湖」の実現が掲げられ、多くの湖では一〇年から十数年で「泳げる湖」が実現した(飯田一九九五)。飯田実は英文学者であるが故郷長野県の諏訪湖の水質がいっこうに改善されないのはなぜかと問い、「諏訪環境まちづくり懇談会」の会長としてバイエルンの湖水域の水質改善の実際を学び、苦闘したルポルタージュを出版した。諏訪湖の例と比較し「両者の対応の仕方にみられる最大の相違点は、結局、技術の問題ではなく、技術を適用するにあたっての徹底性の有無ということに帰着するのではあるまいか」と結んでいる。

バイエルンの氷河湖で最大のキーム湖は南ドイツの東南の隅にあって、そこから東に四〇㎞もいくと、もうオーストリアのザルツブルクである。このキーム湖に臨む人口九〇〇〇人たらずのプリーンという小さな町にわたしは一九七九年の夏に二カ月滞在していた。湖の青と湖岸の背後の緑に心を奪われた。だがこの時は水質の改善事業の途中で、終了していなかったことを後で知った。湖に遊ぶボートは確かに目にしたが、人は泳いでいなかった。その後一〇年くらい経っただろうか、再び夏に訪れてみると湖の岸辺に泳ぐ施設ができていて、泳ぐ多くの人の姿があった。

観光の質を問う

車社会のドイツでも、湖の近くの駐車場では岸側からも湖側からも車がなるべく目に入らないように何重にも樹木を植え、バッファーゾーンを設けるようにしている。また湖に大きな白鳥の船やティーカップ形のペダルを踏むボートのようなものを浮かべることもない。膨らませたビニール製の五mを超えるような巨大なマスコットを公共施設の前に置いたりすることもありえない。特定の人に面白いものであっても、多くの人に違和感をあたえ景観の調和が破られることに強い忌避感を共有しているのである。

旧石器時代のところでみたローネ渓谷のホーレンシュタイン・シュターデル洞窟は、象牙製のライオンマンの彫像が発見されたことで著名になったが、そこに行くにはそれほど親切な案内の矢印があるわけでもなく、かといって不親切でもない。適当に不親切で適当に親切なのである。洞窟の入り口付近には、世界遺産に登録されたこともあって、あまり大きくないパネルに調査の経過や意義が写真入りで要点良く記されている（図9）。だから、遺跡の内容と無関係に、洞窟の入口にのぼり旗を立てて「ライオンマン饅頭あります」とか「ライオンマンビール&ソーセージあります」という光景はない。もう一度行ってみたいと、心ときめく観光の質とは何かをわたしたちに問いかけているのである。

図56　バーデンヴュルテンベルク州の景観保護地区の標識

個性ある立て札

遺跡など記念物の保護の標識もなかなか個性的である。景観の保護区や自然保護区の中に文化財が位置づけられているので、州ごとに保護の標識は多様である。バーデンヴュルテンベルク州の場合は、逆三角形のプレートに太い枠が緑色でワシ

図57　バイエルン州の景観保護地区の標識

が飛ぶデザインの単純な形である。そこに「景観保護地区」とか「自然保護地区」などが書き分けられている（図56）。それ以上の説明はない。

バイエルン州ではこれとは違う。例えば「景観保護地区」の標識にはこうある（図57）。いわく「この美しい地区を以下のことを守り、保護するように願います。（1）駐車場にのみ駐車する。（2）森や野原をあらゆるゴミから守る。（3）植物をもぎ取ったり、摘み取ったり、掘り返したりしない。（4）騒音をたてない。この指示に違反する者、汝自身と隣人をも傷つけるものナリ」と。この程度のことが守れないようでは、人間ではないよ、と主張する標識である。

経済過程や政治過程よりも文化的な差が顕在化する記念物の保護システムの調査を進めることは、その国と地域の文化的背景をいっそう詳細に探っていく新しい試みではないだろうか。それは細かな遺物や遺跡に表現された長い人類の営みの、無限の多様性に光をあてることにも繋がるであろう。

共通性と違いとの対話——エピローグ

ドナウ川に沿って、ネアンデルタール人からケルトのオッピドゥムがローマ帝国に征服される端緒まで遺跡に即してみてきた。通覧すると、さまざまな現象の広い共通性の中に違いがある段階から、多様な違い

どのあたりに境界があるのか

の中に共通性が見いだされる段階への転換がある。それはドナウの中石器時代の世界に有畜の新石器時代の農耕民が集団的に移住してきた段階である。「リス—レック平地」（本書一一二頁）でしめしたように、レスの分布と新石器時代農耕民の耕地との強い結びつきがわかる。それに対して中石器時代末の集団にあってはレス堆積物との生業における結びつきの因果関係はないのである。

どういうことか。最終氷期最盛期の旧石器時代の地表環境は寒冷で変化に乏しく、資料

の中心を成す石器も石の塊から打ち割って作り出すので表現の自由度は低い。アッハ渓谷とローネ渓谷の洞窟で発見された動物の牙や骨を加工して作られたさまざまな形象はむしろドナウの流域が例外的に良く残っているといっていい。とはいえ、狩猟採集と一部内水面漁撈の生業の変異の幅は顕著ではない。

氷河が南に退き、そのあとには荒涼として乱流する氷河由来の大小河川の景観があり、その後植生が回復し多様な地表環境が成立する。それ自体は自然の現象であるが、ここに家畜をともなった農耕民が集団で移住してきて、リス―レック平地のレス堆積物を耕地として農耕を開始すれば、自然環境条件の違いがいかにして社会的な違いとしてあらわれてくるかが大枠として描かれる。

このように、ドナウの中石器時代と新石器時代の始まりのころは、内水面漁撈の本格化、大形動物の絶滅、土器の出現など環境条件の激変が多様な副次的な変化をひきおこし、人類がそれへ積極的に適応して新しい生業形態を模索した重要な過渡期であった。またそれは人類が水圏・生物圏に次第に影響を拡大する起点ともなったのである。

広域比較の可能性

比較することで、共通性と差異を理解し、わたしたちの認識に新しい地平を広げることができる。考古学は毎日比較する。隣接地域の土器や石器を比較して特徴を抽出して変化の様子を探るなど日常的な作業である。ただ、比較を広域に広げたらどうなるのか。ユーラシアにまたがるヨーロッパと日本の事例の比較はどうあつかわれるべきか。

こうしたいわゆる広域の比較は、伝統的に考古学は積極的に追及してこなかったので、その方法が発達していない。どのような比較をしてはいけないかの禁止事項が考古学の方法としてはっきりしていないのである。方法論は可能性をバラ色に描くものではなく、適応限界を線引きする点に実践的な意味がある。何でもできるのは方法ではない。

旧石器時代の場合、当時の実生活は中緯度地帯に限定しても変異に富んでいたと思われるが、生活世界の大部分が残らない。石器・骨角牙器の形態の特徴と遺跡構造や分布の類型などの情報が中心で、変異中にも狩猟社会の共通するパターンが多い。石器は最も広く共通する素材であり、ユーラシアレベルで後期旧石器には石刃技法の発達と未発達の凹凸は地域的にあるとしても、石刃技法を中心にして問題を立てることは可能であり、事実そのように展開する。旧石器時代の研究を進める際には石器が「共通の文法」の役割を担っていることは現在でも変わらない。研究を進める際の用語の問題も細かな点を挙げればきりがないが、最も基本的な部分ではおおむね共通している。

ところが、本書で紹介した鉄器時代のマグダレーネンベルク、ホイネブルク、マンチン遺跡となると広域の比較は容易でない。これをユーラシア大陸の広がりに解き放って比較するとなると、直接接触のなかった遠隔地間の遺跡の歴史的な評価にかかわるので問題はなおさらである。マンチン遺跡を例に、そこが平地に展開した巨大な村かそれとも都市かをめぐる議論にもふれた。また、そこで使われている二・三の用語や概念の妥当性、発掘と概念的把握の関係、立てられた仮説の追証や反証の可能性をどうあつかうかについて、わたしの意見もわずかに述べた。

用語や概念の整理

広域の比較は可能であるが、その際に並行して基礎的な用語や概念の整理が必要になっている。日本でも都市の形成、墳墓の構成要素に関して、都出比呂志は論点を整理し単純化して問題を提起した（都出二〇〇五）。居住地防御の三段階を、Ⅰ防御集落、Ⅱ城塞集落、Ⅲ城郭都市（都城）で区分した。特にⅢでは中国、日本、西アジア、地中海、西ヨーロッパの事例を包括的にあつかっている（都出二〇〇五、一九四頁）。マンチン遺跡の例はM・エガートの現状把握をわたしは評価し、都出が整理した段階の用語を適用すると「城塞集落」がふさわしいと判断し記述した。墳墓の構成要素の整理は、日本列島の事例を墳丘墓の大枠の中に古墳もふくめ位置づけたものである（都出二〇〇五、二四四頁）。

ドイツ語の Hügelgrab（ヒューゲルグラープ）は日本語に直訳しても「墳丘墓」であり用語上の齟齬はない。新石器時代からローマ以前の鉄器時代までである。墳丘墓の前に円形、長方形などの形態学的な違いをつけているだけである。見た目の、可視的で、現象としての、中立的な用語である。日本でも墳丘墓はその用語自体は同様に現象論的な用語である。しかしそれに比べ古墳となると、用語自体は抽象的な用語である。用語自体に可視的な意味はふくまれず、用語に形態学的意味はなく、しかし時代概念にも連なる。現象としての墳丘墓に抽象的な用語が重なってあたえられている二階建ての概念である。これは日本考古学の特徴的な概念であり、世界の考古学界に向かって固有の主張をすべきもので、尊重されなければならないであろう。他の国で研究史的に積み重ねられてきた用語についても同じである。

それぞれの研究史を背負って形成された用語を国際会議やワークショップで議論しても決してまとまらないので、違いと相互の対応関係をつけるのがむしろ向かうべき目標であろう。その意味では、日本で同じ遺跡が「墳丘墓」とされたり「古墳」とされたりする状況下で大事なことは「各様に翻訳されたさまざまな用語が世界に広まる前に、日本の考古学研究者が一定の約束事を整えることである」（福永二〇一八）という主張は、広域の比較を展開していく基礎として、ドナウ川の岸辺にあるケルトの墳丘墓との対比にも益するものであろう。

最後にそれぞれの時代がドナウ川との関係で何か特徴があるのかをみよう。

ドナウ川とのかかわり

とはいえ、遺跡とドナウ川の岸辺とのかかわり合いについては、ローマ人によるごくわずかな記述をのぞけば、考古学の発掘の結果からおぼろげに推定できるだけである。

小河川とドナウ

はるか旧石器時代はどうだったか。ヴュルム氷期のドナウ川は右岸の近くまで氷河が張り出してきていたので、当時の狩猟民は氷河の輝きを日常的に目にしたはずである。川幅も広くない。しかしアッハ渓谷やローネ渓谷では日常の生活世界に密着した川はローネ川とアッハ川であっただろう。フォーゲルヘルト洞窟のオーリナシアン期の層から象牙素材の魚の小彫像が一点発見されている。また、ホーレフェルス洞窟の同期では魚の小彫像こそ発見されていないが、カワヒメマス、カワメンタイの骨がそれぞれ約四〇点弱発見されている（Conard, et al. 2013）。おそらく洞窟のすぐそばを流れるローネ川とアッハ川から獲得されたものだろう。

一方、ドナウ川はおそらく厳冬期に川面が凍結したときに、中・長距離を移動する際に便利な大動脈の役割を果たしたのであろう。その意味では小河川と大河川の二つを使いわけた利用のシステムを生活のサイクルにとりこんでいたのではないか。

気候の回復と適応の拡大

氷河が南に退いて更新世が終わり、後氷期の完新世になって直後のプレボレアル期は考古学の区分でいう中石器時代の始まりである。ドイツだけでなく中部ヨーロッパでは、更新世と完新世の境界と、旧石器時代と中石器時代の境界が一致している。ここは定点として動かない、動かしていないといってよい。結論的にいえば、中石器時代はドナウ川との関係が旧石器時代のときよりも深いといえるだろう。それはなぜか。

ドナウの源流域には中石器時代の洞窟遺跡が集中する。ドナウの川幅は狭く、切り立った石灰岩の壁に囲まれながら複雑に屈曲する流域である。ドナウ川に臨む岸壁の中位や高位に洞窟がある例が多いが、川面からの比高が低い岩陰遺跡もある。ツィゴイナーフェルスなどがその例で、こうした立地は旧石器時代末のマグダレニアン期から連続的に中石器時代に移行する遺跡をしめし、この地域でW・タウテが明らかにした仕事である。

中石器時代早期ボイロニアンの標識遺跡になっているイェーガーハウス洞窟は石灰岩の岩塊の高所に立地するが、ボイロニアンの特徴的な石器の分布は北チロルのウラーフェルゼン遺跡まで認められる（図27参照）。そこで見たように温暖期のアトランティック期になると遺跡がチロルの二〇〇〇m級の高地から忽然と消え、ドナウの岸辺近くに回帰し、内水面漁撈などの生業が盛んになる。後氷期の温暖期に地形、植生、動物相など生態系の大きな変動があり、現生の動植物相が成立する。ドナウ川をはじめドナウに流れ込む中小の河川や、氷河の後退が残していった湖沼を対象に内水面漁撈が発達する。それはドナウ沿岸にだけ分布する魚の歯に孔をあけたネックレスなどの装飾品にも反映されている。

フェーダー湖の遺跡は？

新石器時代についてはリス―レック平地に農耕集団が進出し、レス堆積物の残っている地点を耕地として農耕を開始した。またフェーダー湖と周辺の広い湿地帯の遺跡であるアイヒビュールを中心に湿地特有の杭上住居の問題をみた。フェーダー湖はドナウ川の右岸から東に一四㎞の近くにあって、新石器時代の湿地は舟やボートが交通の重要な役割を果たしていたことは間違いない。フェーダー湖の西端からカンツァッハの小河川が流れ出ているので、これに舟を浮かべ北上すればドナウ川に合流できる。

フェーダー湖の新石器時代には中期末、後期、晩期の文化層があり、土器の様相から五枚の文化に細分されている。だが、ドナウ川との関係については論文でも概説書でもなぜかふれていない。ドナウ川の利用は当然の前提となっていて取り立てて説明していないのかもしれない。また、ドナウ沿岸の湿地でない陸域では、新石器時代の平地式の住居の跡は柱の穴しか発見されないので、木質資料が良く残っている湿地の遺跡に調査が集中した研究史の背景も反映しているのであろう。

青銅器時代はどうだったのか

青銅器時代ではフェーダー湖周辺の遺跡としてヴァッサーブルク・ブハウ（水城ブハウ）をみたが、やはりドナウ川との関係は関連の論文などには不思議とでてこない。一方、フェーダー湖の真西の方向、ドナウの左岸には、急峻なスロープをもつケルトの城塞ホイネブルクがある。青銅器時代中期になって本格的な居住が始まり、丸太の木枠を数mの高さまで組み、木枠の中に土を充填する壁が築かれた。ドナウの川幅は五〇m、人を寄せ付けない急峻な東南側のスロープは自然の壁を成し、さらに周囲に壁を築き固めた姿からは、ドナウ川が防御のための重要な役割を果たしたことが容易に推測できる。

鉄器時代のドナウ川

鉄器時代のホイネブルクはケルトの王侯の高地性城塞集落（高城）として、ギリシャ文化との接触の要素が集中的に確認できる。いわゆる「ローム煉瓦の壁」は地中海のギリシャ植民都市の城壁の構築法に酷似し、ギリシャの植民都市マッサリア（マルセイユ）からローヌ川をさかのぼり、ブルゴーニュの谷を抜けドナウの源流域にでて、そこから様々な製品が交易品として搬入された。ドナウ川は船による河川運搬の重要な役割を担っていたに違いない。積み荷を降ろせばそこがホイネブルクの城塞の裾である。

時代は少し新しくなるが、ケルトのウィンデリキー部族のオッピドゥム、巨大なマンチン遺跡もドナウ川とは多様なかかわり合いをもっていた。ホイネブルクからマンチンまではドナウを二二〇㎞下る。しかし、川との関係といえば、多様な生産物の交流と、地中海域のワインや北ヨーロッパの琥珀など、ヨーロッパの南北におよぶ交易網におけるドナウの役割を想定してみることであろう。マンチンが経済交易活動の中心の一つであったことを考えれば、陸路とともに、重量のある物資の運搬に船が果たした役割は想像を超えて大きかったはずだ。後にカエサルが『ガリア戦記』の中で記した「ガリアの壁」の素材の一部である大量の石灰岩の獲得は、シュヴァーベンの中級山岳地から獲得したと推定されているので、ドナウ川を利用した船による運搬以外に方法はなかったであろう。

ローマによる征服

しかし紀元前一五年、ローマ軍がついにドナウ川の右岸まで進出した。そのときホイネブルクもマンチンも破壊され、ケルトの部族の中心地の城塞集落はローマによって征服された。その後、ドナウの右岸に沿ってローマの辺境防壁（リーメス）が延々と築かれ、ドナウ川はそれまでの機能とはまるで性格の異なる帝国とゲルマンの部族が対抗する軍事的な境界に変貌した。さらに紀元後二六〇年前後までの間には、ローマはドナウの左岸を奥深く越えてリーメスを建設していく。それでもなお、さらにその北方にはローマの支配に組み込まれない自由ゲルマーニア（ゲルマーニア・リベラ）の領域が広がっていたのである。

シュヴァルツヴァルトに源を発して南ドイツを流れるドナウ川は国境の町パッサウで終わる。川はさらに七つの国をとおって全長二八八八㎞の旅を終え黒海に帰る。ドナウ川に沿って垣間みた南ドイツの考古学の旅も、そろそろこのあたりで川から離れるときがきたようだ。

水に書きたる歌なれば
しずかに河岸を
ながれゆけ

ゲーテ（詩集「川のほとり」〔一七六九年〕から）

あとがき

わたしは、広域を比較する資料調査のため、長期、短期、集中、散発をふくめ、ドナウ川の源流域の旧石器、中石器時代の遺跡・遺物を中心にみてきたが、ふりかえるとずいぶん長い月日が流れた。調査ができたのは、さまざまな機関と多くの研究者の支援と励ましの賜物である。

この地域の特徴ある考古学の世界をなんとかうまく伝える方法はないものかと思いをめぐらせ、点在する遺跡の「点」をドナウという川の「線」でつないで、流れに沿って時代を下ることができるのではないかと考えた。とはいえ、ご覧のとおり長大なドナウ川の南ドイツの領域に限ってのことである。

日本の考古学と比較すると、ドイツの考古学の出版の世界には、極端に言えば一般と個別はあるが中間がない。それはどういうことか。内容が中部ヨーロッパの概要になるか、そうでなければ個別の遺跡中心の解説になる傾向が強い。そのためドイツの考古学の概要をつかもうとすると、楽ではない。

数十巻におよぶ考古学事典やゲルマン古代学事典、大部な考古学のハンドブックはあるにもかかわらず、日本にある「考古学講座」に類したシリーズはほとんどない。二〇〇三年にドイツ考古学研究所を中心にドイツに地域を限定した旧石器時代から中世までの通史的解説が刊行され、二〇一四年には時代別の分布図に特化した優れた著作がそれぞれ刊行されたが、基本的な出版のあり方は変わっていないようである。

本書では、読み物として流れを追うための補助として図版を使い、遺物の細かな提示や記述は簡略化した。考古学の遺物の細かな変化や組み合わせに強い関心のある方は、面倒でも引用文献にあたっていただければ幸いである。

対象とする地域はドナウ川の源流域と上流域に限定されているが、あつかう時代が広がったため、慣れない森に足を踏み入れ、脇道のあちこちでつまずくことにもなった。最新の成果が反映されていないのではないかと危惧される部分や、つながりの悪いところがあるのは否めない。しかし、いまは川面に舟を静かに送りだしてやりたい気持ちである。

旧石器時代のフルートに関連する部分では、音楽用語について、オホーツク音楽工房（ホラネロ：http://www.horanero.com/）の代表でフルート奏者の谷藤万喜子氏にご教示いただいた。感謝申しあげたい。

本書の企画の段階から編集部次長の永田伸氏には相談にのっていただき、執筆の枠組みを定めることができた。また、具体的な編集では同じく編集部の木之内忍氏にたいへんお世話になった。あわせて篤くお礼を申しあげる次第である。

なお、本書掲載の写真で出典記載のないものは著者の撮影によることを付記する。

二〇二三年一〇月

小　野　　昭

引用文献

飯田　実（一九九五）『ドイツの景観都市』工作舎

O・イェリス（二〇一四）西秋良宏訳「ネアンデルタール人の利き腕と学習活動」（西秋良宏編『ホモ・サピエンスと旧人2―考古学からみた学習―』六一書房）

M・ヴェーバー（一九〇四）富永祐二・立野保男訳、折原浩補訳（一九九八）『社会科学と社会政策にかかわる認識の「客観性」』岩波書店

M・ヴェーバー（一九二〇）世良晃志郎訳（一九六四）『都市の類型学』創文社

大山　柏（一九三二）「『南独フェーダーゼー行』の旧稿より」（『史前学雑誌』四―一、三〇～四二頁）

小野　昭（二〇〇一）『打製骨器論―旧石器時代の探求―』東京大学出版会

小野　昭（二〇〇九）「環境変動と道具の体系―反映関係・比較・仮説をふりかえる―」（『考古学の方法とその広がり　小野昭教授退職記念シンポジウム予稿集』四四～四五頁）

小野　昭（二〇一二）『ネアンデルタール人　奇跡の再発見』朝日新聞出版

小野　昭（二〇二〇ａ）「遺跡の分布類型と森林限界の垂直移動―オーストリア・北チロルの早期中石器時代―」（『明治大学黒耀石研究センター紀要　資源環境と人類一〇』三三～四三頁）

小野　昭（二〇二〇ｂ）『ビジュアル版　考古学ガイドブック』新泉社

カエサル『ガリア戦記』國原吉之助訳（一九九四）講談社

T・クノフ（二〇一八）福永伸哉訳「ヨーロッパの墳丘墓」（『世界の眼でみる古墳文化』九九〜一〇〇頁、国立歴史民俗博物館）
J・W・v・ゲーテ（一七六九）大山定一訳（一九六四）「川のほとり」（『世界古典文学全集　五〇　ゲーテ』筑摩書房）
小林国夫、阪口豊（一九八二）『氷河時代』岩波書店
佐野勝宏、大森貴之（二〇一五）「ヨーロッパにおける旧人・新人の交替劇プロセス」（西秋良宏編『ホモ・サピエンスと旧人3—ヒトと文化の交替劇—』二〇〜三五頁、六一書房）
F・シューベルト（一九八四）小野昭訳「将来の考古学の課題と前提—日本とドイツの比較—」（『考古学研究』三〇—四、八二〜九五頁）
K・シュピンドラー（一九九四）畔上司訳『五〇〇〇年前の男—解明された凍結ミイラの謎—』文藝春秋
世良晃志郎（一九七五）「V・補1理念型的理論構成と反証の問題」（『歴史学方法論の諸問題　第二版』一三九〜一四八頁、木鐸社）
タキトゥス『ゲルマーニア　改訳』泉井久之助訳注（一九七九）岩波書店
都出比呂志（二〇〇五）『前方後円墳と社会』塙書房
広川洋一（一九六八）「哲学以前—古代ギリシャにおける叙事詩と抒情詩の精神的風土—」（『岩波講座哲学16　哲学の歴史I』三九〜七一頁、岩波書店）
福永伸哉（二〇一八）「欧州の墳丘墓と日本の古墳」（『世界の眼でみる古墳文化』一一一〜一一三頁、

国立歴史民俗博物館）

ヘロドトス『歴史』松平千秋訳〔一九六七〕（『世界古典文学全集一〇　ヘロドトス』筑摩書房）

松原國師（二〇一〇）『西洋古典学事典』京都大学学術出版会

M・リント、G・ロート（二〇二二）小野昭訳「ドイツ最大のフリント採掘場跡の発掘」（『明治大学黒耀石研究センター紀要　資源環境と人類一二』一三三〜一四一頁）

Albrecht, G., Berke, H., Poplin, F. 1983 Säugetierreste vom Petersfels P1 und Petersfels P3, Grabung 1974-1976. *In* G. Albrecht, H. Berke, F. Poplin（Hrsg.）Naturwissenschaftliche Untersuhungen an Magdalénien-Inventaren vom Petersfels, Grabungen 1974-1976. S. 63-127. *Tübinger Monographien zur Urgeschichte*, Band 8.

Allee, W. C., Emerson, A. P., Park, O., Schmidt, K. P. 1949 *Principles of Animal Ecology*. W. B. Saunders Company, Philadelphia.

Beck, D. 1999 *Das Mittelpaläolithikum des Hohlenstein-Stadel und Bärenhöhle im Lonetal*. Universitätsforschungen zur prähistorischen Archäologie, 56. Verlag Dr. Rudolf Habelt, Bonn.

Boëda, E. 1988 Le Concept Levallois et Evaluation de son Champ d'Application. *In* M. Otte（ed.）*L'Homme de Neandertal*, volume 4, La Technique, ERAUL no. 31, 13-26.

Bordes, F. 1961 *Typologie du paleolithique ancient et moyen*, 1-2 vols. Bordeaux, Delmas.

Bosinski, G.（Hrsg.）1969 *Die Bocksteinschmiede im Lonetal*. Veröffentlichungen des Staatlichen Amtes für Denkmalpflege Stuttgart, Reihe A, Vor-und Frühgeschichte, Heft 15. Verlag Müller & Gräff,

Kommissionsverlag, Stuttgart.

Campen, I., Hahn, J., Uerpman, M.（Hersg.） 1996 Spuren der Jagd – Die Jagd nach Spuren: Festschrift für Hansjürgen Müller-Beck. *Tübinger Monographien zur Urgeschichte*, Band 11. Mo Vince Verlag, Tübingen.

Conard, N. J. 2002 The timing of cultural innovation and the dispersal of modern humans in Europe. *Terra Nostra, 2002/6: DEUQUA-Tagung 2002*, 82-94.

Conard, N. J., Bolus, M. 2003 Radiocarbon dating the appearance of modern humans and timing of cultural innovations in Europe: new results and new challenges. *Journal of Human Evolution*, 44:331-371.

Conard, N. J., Bolus, M. 2006 The Swabian Aurignacian and its place in European prehistory. *In* Bar-Yosef, O., and Zilhão, J.（eds.） Towards a definition of the Aurignacian. *Trabalhos de Arqueologia* 45:211-239. American School of Prehistoric Research/Instituto Português de Arqueologia. Lisboa.

Conard, N. J., Bolus, M., Münzel, S. C. 2012 Middle Paleolithic land use, spatial organization and settlement intensity in the Swabian Jura, southwestern Germany. *Quaternary International*, 247:236-245.

Conard, N. J., Kitagawa, K., Krönneck, P., Böhme, M., Münzel, S. C. 2013 The importance of fish, fowl and small mammals in the Paleolithic diet of the Swabian Jura, Southwestern Germany. *In* Clark, J. L. and Speth, J. D.（eds.） *Zooarchaeology and modern human origins: Human hunting behavior during the Later Pleistocene*. Pp. 173-190. Springer, Heidelberg.

Conard, N. J., Bolus, M., Dutkiewicz, E., Wolf, S. 2015 *Eiszeitarchäologie auf der Schwäbischen Alb*. Kerns

Verlag, Tübingen.

Dehn, W. 1958 Die Heuneburg an der oberen Donau und ihre Wehranlagen. In *Neue Ausgrabungen in Deutachland*. S. 127-145. Römisch-Germanische Kommission des Deutschen Archäologischen Instituts. Verlag Gebr. Mann, Berlin.

Dongus, H. 2000 Die Oberflächenformen Südwestdeutschlands. Gebrüder Bornstraeger, Berlin.

Eberl, W., Martin, D., Petzet, M. 1992 *Bayerisches Denkmalschutsgesetz: Kommentar unter besonderer Berücksichtigung finanz-und steuerrechtlicher Aspekte*. 4. neubearbeitete und erweiterte Auflage, Deutscher Gemeinde Verlag GmbH, München.

Ebinger-Rist, N., Wolf, S. 2013 Restoration of the statuette 2012/13. In *The Return of the Lion Man*. Pp. 52-61. Ulmer Museum. Jan Thorbecke Verlag. Ostfildern

Eggert, K. H., Samida, S. 2013 *Ur- und Frühgeschichtliche Archäologie*. 2. Auflage, A. Franke Verlag, Tübingen.

Ehlers, J., Hughes, P. D., Gibberd, P. L. 2016 The Ice Age. John Wiley & Sons, Ltd. Chichester.

Filip, J. 1969 Oppida. *In* Filip, J. (Hrsg.) *Enzyklopädisches Handbuch zur Ur- und Frühgeschichte Europas*. Band II. S. 969-971 Academia, Verlag der Tschechoslowakischen Akademie der Wissenschaften, Prag.

Filip, J. 1969 Passau. *In* Filip, J. (Hrsg.) *Enzyklopädisches Handbuch zur Ur- und Frühgeschichte Europas*. Band II. S. 1002 Academia, Verlag der Tschechoslowakischen Akademie der Wissenschaften, Prag.

Gersbach, E. 1996 Aus der Geschichte der Heuneburg bei Hundersingen a. d. Donau. In *Die Heuneburg bei Hundersingen a. d. Donau*, S. 3-46. 3., völig neu bearbeitete Auflage, Heuneburg Museum Verein, Herbertingen-Hundersingen.

Haak, W., et al. 2015 Massive migration from the steppe was a source for Indo-European languages in Europe. *Nature*, 522:207-211

Hein, W. 2013 Ivory experimentation. In *The Return of the Lion Man*. Pp.150-153, Ulmer Museum. Jan Thorbecke Verlag. Ostfildern.

Higham, T., Basell, L., Jacobi, R., Wood, R., Ramsey, C.B., Conard, N. J. 2012 Testing models for the beginning of the Aurignacian and the advent of figurative art and music: The radiocarbon chronology of Geissenkloesterle. *Journal of Human Evolution*, 62（6）:664 - 676.

Holtmeier, F-K. 1999 Tiere als ökologische Faktoren in der Landshaft. *Arbeiten aus dem Institut für Landschaftsökologie Westfälische Wilhelms-Universität*, Band 6, Münster.

Jaguttis-Emden, M. 1983 Die Radiocarbondatierung der Ausgrabung Petersfels. *In* G. Albrecht, H. Berke, F. Poplin（Hrsg.）Naturwissenschaftliche Untersuhungen an Magdalénien-Inventaren vom Petersfels, Grabungen 1974-1976. S. 47-57. *Tübinger Monographien zur Urgeschichte*, Band 8.

Jankuhn, H. 1969 *Vor-und Frühgeschichte – vom Neolithikum bis zur Völkerwanderungszeit. Deutsche Agrargeschichte I*. Verlag Eugen Ulmer, Stuttgart.

Keefer, E.（Hrsg.）1992 *Die Suche nach der Vergangenheit: 120 Jahre Archäologie am Federsee.* Württembergishes Landesmuseum Stuttgart.

Kerschner, H. 2011 Spätglazilale Gletchervorstöße im Fotchertal. *In* Schäfer, D. (Hrsg.) *Das Mesolithikum-Projekt Ullafelsen (Teil 1)* Mensch und Umwelt im Holozän Tirols, Band 1, S. 97-105. Verlag Philipp von Zabern, Innsbruck.

Kimmig, W. 1975 Die Heuneburg an der oberen Donau. In *Ausgrabungen in Deutschland*. Teil 1. S. 192-211. Verlag der Römisch-Germanishchen Zentralmuseum, Mainz.

King, W. 1864 The reputed fossil man of the Neanderthal. *Quarterly Journal of Science*, 1:88-97.

Koenigswald, W. von., Müller-Beck, H. und Presmar, E. 1974 *Die Archäologie und Paläontologie in den Weinberghöhlen bei Mauern (Bayern) Grabungen 1937-1967. Archeologica Venatoria*, Bd. 3

Kokabi, M. 1992 Paläoethnobotanische Untersuchungen in Ödenahlen. *In* Keefer, E. (Hrsg.) *Die Suche nach der Vergangenheit: 120 Jahre Archäologie am Federsee*. S. 92. Württembergishes Landesmuseum Stuttgart.

Kolb, F. 1984 *Die Stadt im Altertum*. Verlag C. H. Beck, München.

Krämer, W. 1958 Manching, ein vindelikisches Oppidum an der Donau. In *Neue Ausgrabungen in Deutachland*. S. 175-202. Römisch-Germanische Kommission des Deutschen Archäologischen Instituts. Verlag Gebr. Mann, Berlin.

Krämer, W. 1975 Zwanzig Jahre Ausgrabungen in Manching 1955 bis 1974. In *Ausgrabungen in Deutschland*. Teil 1. S. 287-297. Verlag der Römisch-Germanishchen Zentralmuseum, Mainz.

Krings, M., Stone, A., Schmitz. R. W., Krainitzki, H., Stoneking, M., Pääbo, S. 1997 Neandertal DNA sequences and the origin of modern humans. *Cell* 90:19-30.

Lüning, J. 2003 Grundlagen sesshaften Lebens. *In* von Freeden, und von Schnurbein, （Hrsg.） *Spuren der Jahrtausende: Archäologie und Geschichte in Deutschland*. S. 110-139. Römisch-Germanische Kommission des Deutschen Archäologischen Instituts, Theiss.

Lüth, F., Oliver, A., Willems, W. 2000 Europas Landesarchäologen rücken zusammen. *Archäologie in Deutschland*, Heft 2, 4-5.

Maier, U. 1992 Paläoethnobotanische Untersuchungen in Ödenahlen. *In* Keefer, E. （Hrsg.） *Die Suche nach der Vergangenheit: 120 Jahre Archäologie am Federsee*. S. 90-91. Württembergishes Landesmuseum Stuttgart.

Maier, A. 2015 *The Central European Magdalenian: Regional diversity and internal variability*. Springer, Heidelberg.

Müller-Beck, H. 1983 Sammlerinnen und Jäger von den Anfängen bis vor 35000 Jahren. *In* H. Müller-Beck （Hrsg.） *Urgeschichte in Baden Württemberg*. S. 241- 272. Konrad Theiss Verlag. Stuttgart.

Newell, R. R., Kielman, D., Constandse-Westermann, T. S., Van der Sanden, W.A.B., Van Gijn, A. 1990 *An Inquiry into the Ethnic Resolution of Mesolithic Regional Groups: The study of their decorative ornaments in time and space*. E. J. Brill, Leiden.

Oeggle & Schoch 2011 Holzkohlenanalysen aus Bodenproben des altmesolithischen Fundplatzes auf dem Ullafelsen im Fotchertal. *In* Schäfer, D. （Hrsg.） *Das Mesolithikum-Projekt Ullafelsen (Teil 1)* Mensch und Umwelt im Holozän Tirols, Band 1, S. 197-201. Verlag Philipp von Zabern, Innsbruck.

Penck, A. & Bückner, E. 1901-09 *Die Alpen im Eiszeitalter,* 3Bände. C. H. Tauchnitz, Leipzig.

Pressmar, E. 1974 Die holozäne Archäologie der Höhlen von Mauerun (Grabung 1973). *In* Koenigswald, W. von., Müller-Beck, H. und Presmar, E. *Die Archäologie und Paläontologie in den Weinberghöhlen bei Mauern (Bayern) Grabungen 1937-1967. Archeologica Venatoria*, Bd. 3, S. 107-116, 150-152.

Rasbach, G. & Hüssen, C-M. 2003 Römische Welt in Stadt und Land. *In* von Freeden, und von Schnurbein, (Hrsg.) *Spuren der Jahrtausende: Archäologie und Geschichte in Deutschland*. S. 244-273. Römisch-Germanische Kommission des Deutschen Archäologischen Instituts, Theiss.

Riek, G. 1934 *Die Eiszeitjägerstation am Vogelherd im Lonetal*. Akademische Verlagsbuchhandlung Franz F. Heine, Tübingen.

Sangmeister, E. 1983 Die ersten Bauern. *In* H. Müller-Beck (Hrsg.) *Urgeschichte in Baden Württemberg*. S. 429- 471. Konrad Theiss Verlag. Stuttgart.

Schäfer, D. 2011 Das Mesolithikum-Projekt Ullafelsen: Landshcaftlicher Rahmen und archäologische Befunde. Arbeitsstand 2009/2010. *In* Schäfer, D. (Hrsg.) *Das Mesolithikum-Projekt Ullafelsen (Teil 1)* Mensch und Umwelt im Holozän Tirols, Band 1:245-351. Verlag Philipp von Zabern, Innsbruck.

Schäfer, D., Bertola, S., Pawlik, A., Geitner, C., Waroszewski, J., Bussemer, S. 2016 The landscape-archaeology Ullafelsen Project (Tyrol, Austria). *Preistoria Alpina*, 48:29-38.

Scheer, A. 1993 The organization of lithic resource use during the Gravettian in Germany. *In* H. Knecht, A.

Pike-Tay, R. White (eds.) *Before Lascaux*, S. 193-210. CRC Press, Inc. Florida.

Schlichtherle, H. 1992 Neue archäologische Untersuchungen des Landesdenkmalamtes Baden-Württemberg. *In* Keefer, E. (Hrsg.) *Die Suche nach der Vergangenheit: 120 Jahre Archäologie am Federsee*. S. 76-83. Württembergishes Landesmuseum Stuttgart.

Schlichtherle, H. 1997 Pfahlbauten rund um die Alpen. *Archäologie in Deutschland, Sonderheft*, 7-14. Theiss.

Schreiber, S. 2008 Das keltische Oppidum zwischen „Protostadt“ und „Stadt“? Zum Stadtbegriff in der Späten Eisenzeit am Beispiel Manchings. *Ethnographisch-Archäologische Zeitschrift* 49:25-56.

Sievers, S. 2003 Alt-Europa tritt ins Licht der Geschichte. *In* von Freeden, und von Schnurbein, (Hrsg.) *Spuren der Jahrtausende: Archäologie und Geschichte in Deutschland*. S. 210-241. Römisch-Germanische Kommission des Deutschen Archäologischen Instituts, Theiss.

Spindler, K. 1975 Grabfund der Hallstattzeit vom Magdalenenberg bei Villingen im Schwalzwald. In *Ausgrabungen in Deutschland*. Teil 1. S. 221-242. Verlag der Römisch-Germanishchen Zentralmuseum, Mainz.

Taute, W. 1975 Ausgrabungen zum Spätpaläolithikum und Mesolithikum in Süddeutsjcland. In *Ausgrabungen in Deutschland*. Teil 1. S. 64-73. Verlag des Römisch-Germanischen Zentralmuseums, Mainz.

Veit, H. 2002 *Die Alpen: Geoökologie und Landshcaftsentwicklung*. Verlag Eugen Ulmer, Stuttgart.

Wischenbarth, P. 1995 Spätmesolithische und linearbandkeramische Funde der Riß-Lech -Platte und deren Interpretation. *Germania*, 73（1）: 1-40

Bayerisches Denkmalschutzgesetz　https://de.wikipedia.org/wiki/Bayerisches_Denkmalschutzgesetz（二〇二三年五月二七日閲覧）

DenkmalschutzgesetzBaden-Württemberg　https://de.wikipedia.org/wiki/Denkmalschutzgesetz_（BadenW%C3%BCrttemberg）#Bodendenkmale（二〇二三年五月二八日閲覧）

Heuneburg http://www.fuerstensitze.de/1071_Projektbeschreibung.html（二〇二三年五月二三日閲覧）

著者紹介

一九四六年、新潟県に生まれる
一九七一年、岡山大学法文学専攻科史学専攻考古学コース修了
現在、東京都立大学名誉教授　博士（文学・北海道大学）

〔主要著書〕
『打製骨器論―旧石器時代の探求―』（東京大学出版会、二〇〇一年）
『旧石器時代の日本列島と世界』（同成社、二〇〇七年）
『ネアンデルタール人　奇跡の再発見』（朝日新聞出版、二〇一二年）
『ビジュアル版考古学ガイドブック』（新泉社、二〇二〇年）

歴史文化ライブラリー
589

ドナウの考古学
ネアンデルタール・ケルト・ローマ

二〇二四年（令和六）三月一日　第一刷発行

著　者　小野（おの）昭（あきら）
発行者　吉川道郎
発行所　株式会社　吉川弘文館
東京都文京区本郷七丁目二番八号
郵便番号一一三―〇〇三三
電話〇三―三八一三―九一五一〈代表〉
振替口座〇〇一〇〇―五―二四四
https://www.yoshikawa-k.co.jp/
印刷＝株式会社 平文社
製本＝ナショナル製本協同組合
装幀＝清水良洋・宮崎萌美

ISBN978-4-642-05989-3

歴史文化ライブラリー

1996. 10

刊行のことば

現今の日本および国際社会は、さまざまな面で大変動の時代を迎えておりますが、近づきつつある二十一世紀は人類史の到達点として、物質的な繁栄のみならず文化や自然・社会環境を謳歌できる平和な社会でなければなりません。しかしながら高度成長・技術革新にともなう急激な変貌は「自己本位な刹那主義」の風潮を生みだし、先人が築いてきた歴史や文化に学ぶ余裕もなく、いまだ明るい人類の将来が展望できていないようにも見えます。このような状況を踏まえ、よりよい二十一世紀社会を築くために、人類誕生から現在に至る「人類の遺産・教訓」としてのあらゆる分野の歴史と文化を「歴史文化ライブラリー」として刊行することといたしました。

小社は、安政四年(一八五七)の創業以来、一貫して歴史学を中心とした専門出版社として書籍を刊行しつづけてまいりました。その経験を生かし、学問成果にもとづいた本叢書を刊行し社会的要請に応えて行きたいと考えております。

現代は、マスメディアが発達した高度情報化社会といわれますが、私どもはあくまでも活字を主体とした出版こそ、ものの本質を考える基礎と信じ、本叢書をとおして社会に訴えてまいりたいと思います。これから生まれでる一冊一冊が、それぞれの読者を知的冒険の旅へと誘い、希望に満ちた人類の未来を構築する糧となれば幸いです。

吉川弘文館

歴史文化ライブラリー

世界史

ドナウの考古学 ネアンデルタール・ケルト・ローマ——小野 昭
神々と人間のエジプト神話 魔法・冒険・復讐の物語——大城道則
中国古代の貨幣 お金をめぐる人びとと暮らし——柿沼陽平
渤海国とは何か——古畑 徹
アジアのなかの琉球王国——高良倉吉
琉球国の滅亡とハワイ移民——鳥越皓之
イングランド王国前史 アングロサクソン七王国物語——桜井俊彰
ヒトラーのニュルンベルク 第三帝国の光と闇——芝 健介
帝国主義とパンデミック 医療と経済の東南アジア史——千葉芳広
人権の思想史——浜林正夫

考古学

タネをまく縄文人 最新科学が覆す農耕の起源——小畑弘己
イヌと縄文人 狩猟の相棒、神へのイケニエ——小宮 孟
顔の考古学 異形の精神史——設楽博己
〈新〉弥生時代 五〇〇年早かった水田稲作——藤尾慎一郎
弥生人はどこから来たのか 最新科学が解明する先史日本——藤尾慎一郎
文明に抗した弥生の人びと——寺前直人
樹木と暮らす古代人 木製品が語る弥生・古墳時代——樋上 昇
アクセサリーの考古学 倭と古代朝鮮の交渉史——高田貫太
古 墳——土生田純之
古墳を築く——一瀬和夫
東国から読み解く古墳時代——若狭 徹
東京の古墳を探る——松崎元樹
埋葬からみた古墳時代 女性・親族・王権——清家 章
鏡の古墳時代——下垣仁志
神と死者の考古学 古代のまつりと信仰——笹生 衛
土木技術の古代史——青木 敬
大極殿の誕生 古代天皇の象徴に迫る——重見 泰
国分寺の誕生 古代日本の国家プロジェクト——須田 勉
東大寺の考古学 よみがえる天平の大伽藍——鶴見泰寿
海底に眠る蒙古襲来 水中考古学の挑戦——池田榮史
中世かわらけ物語 もっとも身近な日用品の考古学——中井淳史
ものがたる近世琉球 喫煙・園芸・豚飼育の考古学——石井龍太

古代史

邪馬台国の滅亡 大和王権の征服戦争——若井敏明
日本語の誕生 古代の文字と表記——沖森卓也
日本国号の歴史——小林敏男
日本神話を語ろう イザナキ・イザナミの物語——中村修也
六国史以前 日本書紀への道のり——関根 淳

歴史文化ライブラリー

東アジアの日本書紀 歴史書の誕生—遠藤慶太
〈聖徳太子〉の誕生—大山誠一
倭国と渡来人 交錯する「内」と「外」—田中史生
大和の豪族と渡来人 葛城・蘇我氏と大伴・物部氏—加藤謙吉
物部氏 古代氏族の起源と盛衰—篠川 賢
東アジアからみた「大化改新」—仁藤敦史
白村江の真実 新羅王・金春秋の策略—中村修也
よみがえる古代山城 国際戦争と防衛ライン—向井一雄
よみがえる古代の港 古地形を復元する—石村 智
古代氏族の系図を読み解く—鈴木正信
古代豪族と武士の誕生—森 公章
飛鳥の宮と藤原京 よみがえる古代王宮—林部 均
出雲国誕生—大橋泰夫
古代出雲—前田晴人
古代の皇位継承 天武系皇統は実在したか—遠山美都男
壬申の乱を読み解く—早川万年
戸籍が語る古代の家族—今津勝紀
古代の人・ひと・ヒト 名前と身体から歴史を探る—三宅和朗
疫病の古代史 天災、人災、そして—本庄総子
万葉集と古代史—直木孝次郎
郡司と天皇 地方豪族と古代国家—磐下 徹
地方官人たちの古代史 律令国家を支えた人びと—中村順昭
古代の都はどうつくられたか 中国・日本・朝鮮・渤海—吉田 歓
平城京に暮らす 天平びとの泣き笑い—馬場 基
平城京の住宅事情 貴族はどこに住んだのか—近江俊秀
すべての道は平城京へ 古代国家の〈支配の道〉—市 大樹
都はなぜ移るのか 遷都の古代史—仁藤敦史
古代の都と神々 怪異を吸いとる神社—榎村寛之
聖武天皇が造った都 難波宮・恭仁宮・紫香楽宮—小笠原好彦
天皇側近たちの奈良時代—十川陽一
藤原仲麻呂と道鏡 ゆらぐ奈良朝の政治体制—鷺森浩幸
古代の女性官僚 女官の出世・結婚・引退—伊集院葉子
〈謀反〉の古代史 平安朝の政治改革—春名宏昭
皇位継承と藤原氏 摂政・関白はなぜ必要だったのか—神谷正昌
王朝貴族と外交 国際社会のなかの平安日本—渡邊 誠
源氏物語を楽しむための王朝貴族入門—繁田信一
平安貴族の仕事と昇進 どこまで出世できるのか—井上幸治
平安朝 女性のライフサイクル—服藤早苗
平安貴族の住まい 寝殿造から読み直す日本住宅史—藤田勝也
平安京のニオイ—安田政彦

歴史文化ライブラリー

平安京の災害史 都市の危機と再生―北村優季
平安京はいらなかった 古代の夢を喰らう中世―桃崎有一郎
天神様の正体 菅原道真の生涯―森　公章
平将門の乱を読み解く―木村茂光
平安時代の死刑 なぜ避けられたのか―戸川　点
古代の神社と神職 神をまつる人びと―加瀬直弥
古代の食生活 食べる・働く・暮らす―吉野秋二
雪と暮らす古代の人々―相澤　央
古代の刀剣 日本刀の源流―小池伸彦
大地の古代史 土地の生命力を信じた人びと―三谷芳幸
時間の古代史 霊鬼の夜、秩序の昼―三宅和朗

中世史

列島を翔ける平安武士 九州・京都・東国―野口　実
源氏と坂東武士―野口　実
敗者たちの中世争乱 年号から読み解く―関　幸彦
戦死者たちの源平合戦 生への執着、死者への祈り―田辺　旬
平氏が語る源平争乱―永井　晋
熊谷直実 中世武士の生き方―高橋　修
中世武士 畠山重忠 秩父平氏の嫡流―清水　亮
頼朝と街道 鎌倉政権の東国支配―木村茂光
もう一つの平泉 奥州藤原氏第二の都市・比爪―羽柴直人
源頼家とその時代 二代目鎌倉殿と宿老たち―藤本頼人
六波羅探題 京を治めた北条一門―森　幸夫
大道 鎌倉時代の幹線道路―岡　陽一郎
仏都鎌倉の一五〇年―今井雅晴
鎌倉北条氏の興亡―奥富敬之
鎌倉幕府はなぜ滅びたのか―永井　晋
武田一族の中世―西川広平
三浦一族の中世―高橋秀樹
伊達一族の中世 「独眼龍」以前―伊藤喜良
弓矢と刀剣 中世合戦の実像―近藤好和
その後の東国武士団 源平合戦以後―関　幸彦
荒ぶるスサノヲ、七変化 〈中世神話〉の世界―斎藤英喜
曽我物語の史実と虚構―坂井孝一
鎌倉浄土教の先駆者 法然―中井真孝
親　鸞―平松令三
親鸞と歎異抄―今井雅晴
畜生・餓鬼・地獄の中世仏教史 因果応報と悪道―生駒哲郎
神や仏に出会う時 中世びとの信仰と絆―大喜直彦
神仏と中世人 宗教をめぐるホンネとタテマエ―衣川　仁

歴史文化ライブラリー

神風の武士像 蒙古合戦の真実――関 幸彦
鎌倉幕府の滅亡――細川重男
足利尊氏と直義 京の夢、鎌倉の夢――峰岸純夫
高 師直 室町新秩序の創造者――亀田俊和
新田一族の中世「武家の棟梁」への道――田中大喜
皇位継承の中世史 血統をめぐる政治と内乱――佐伯智広
地獄を二度も見た天皇 光厳院――飯倉晴武
南朝の真実 忠臣という幻想――亀田俊和
信濃国の南北朝内乱 悪党と八〇年のカオス――櫻井 彦
中世の巨大地震――矢田俊文
大飢饉、室町社会を襲う！――清水克行
中世の富と権力 寄進する人びと――湯浅治久
中世は核家族だったのか 民衆の暮らしと生き方――西谷正浩
出雲の中世 地域と国家のはざま――佐伯徳哉
中世武士の城――齋藤慎一
戦国の城の一生 つくる・壊す・蘇る――竹井英文
九州戦国城郭史 大名・国衆たちの築城記――岡寺 良
戦国期小田原城の正体「難攻不落」と呼ばれる理由――佐々木健策
徳川家康と武田氏 信玄・勝頼との十四年戦争――本多隆成
戦国大名毛利家の英才教育 元就・隆元・輝元と妻たち――五條小枝子
戦国大名の兵粮事情――久保健一郎
戦国時代の足利将軍――山田康弘
足利将軍と御三家 吉良・石橋・渋川氏――谷口雄太
〈武家の王〉足利氏 戦国大名と足利的秩序――谷口雄太
室町将軍の御台所 日野康子・重子・富子――田端泰子
名前と権力の中世史 室町将軍の朝廷戦略――水野智之
摂関家の中世 藤原道長から豊臣秀吉まで――樋口健太郎
戦国貴族の生き残り戦略――岡野友彦
鉄砲と戦国合戦――宇田川武久
検証 川中島の戦い――村石正行
検証 長篠合戦――平山 優
織田信長と戦国の村 天下統一のための近江支配――深谷幸治
検証 本能寺の変――谷口克広
明智光秀の生涯――諏訪勝則
加藤清正 朝鮮侵略の実像――北島万次
落日の豊臣政権 秀吉の憂鬱、不穏な京都――河内将芳
豊臣秀頼――福田千鶴
天下人たちの文化戦略 科学の眼でみる桃山文化――北野信彦
イエズス会がみた「日本国王」天皇・将軍・信長・秀吉――松本和也
海賊たちの中世――金谷匡人

歴史文化ライブラリー

歴史文化ライブラリー

地図から消えた島々 幻の日本領と南洋探検家たち――長谷川亮一
自由主義は戦争を止められるのか 芦田均・清沢洌・石橋湛山――上田美和
軍用機の誕生 日本軍の航空戦略と技術開発――水沢 光
国産航空機の歴史 零戦・隼からYS－一一まで――笠井雅直
首都防空網と〈空都〉多摩――鈴木芳行
帝都防衛 戦争・災害・テロ――土田宏成
帝国日本の技術者たち――沢井 実
強制された健康 日本ファシズム下の生命と身体――藤野 豊
「自由の国」の報道統制 大戦下の日系ジャーナリズム――水野剛也
学徒出陣 戦争と青春――蜷川壽惠
特攻隊の〈故郷〉 霞ヶ浦・筑波山・北浦・鹿島灘――伊藤純郎
陸軍中野学校と沖縄戦 知られざる少年兵「護郷隊」――川満 彰
沖縄戦の子どもたち――川満 彰
沖縄からの本土爆撃 米軍出撃基地の誕生――林 博史
原爆ドーム 物産陳列館から広島平和記念碑へ――頴原澄子
米軍基地の歴史 世界ネットワークの形成と展開――林 博史
沖縄米軍基地全史――野添文彬
考証 東京裁判 戦争と戦後を読み解く――宇田川幸大
ふたつの憲法と日本人 戦前・戦後の憲法観――川口暁弘
戦後文学のみた〈高度成長〉――伊藤正直
首都改造 東京の再開発と都市政治――源川真希
鯨を生きる 鯨人の個人史・鯨食の同時代史――赤嶺 淳

文化史・誌

山寺立石寺 霊場の歴史と信仰――山口博之
神になった武士 平将門から西郷隆盛まで――高野信治
跋扈する怨霊 祟りと鎮魂の日本史――山田雄司
将門伝説の歴史――樋口州男
殺生と往生のあいだ 中世仏教と民衆生活――苅米一志
浦島太郎の日本史――三舟隆之
おみくじの歴史 神仏のお告げはなぜ詩歌なのか――平野多恵
〈ものまね〉の歴史 仏教・笑い・芸能――石井公成
スポーツの日本史 遊戯・芸能・武術――谷釜尋徳
戒名のはなし――藤井正雄
墓と葬送のゆくえ――森 謙二
運 慶 その人と芸術――副島弘道
ほとけを造った人びと 止利仏師から運慶・快慶まで――根立研介
祇園祭 祝祭の京都――川嶋將生
洛中洛外図屛風 つくられた〈京都〉を読み解く――小島道裕
化粧の日本史 美意識の移りかわり――山村博美
乱舞の中世 白拍子・乱拍子・猿楽――沖本幸子

歴史文化ライブラリー

神社の本殿 建築にみる神の空間――三浦正幸
古建築を復元する 過去と現在の架け橋――海野 聡
生きつづける民家 保存と再生の建築史――中村琢巳
大工道具の文明史 日本・中国・ヨーロッパの建築技術――渡邉 晶
苗字と名前の歴史――坂田 聡
日本人の姓・苗字・名前 人名に刻まれた歴史――大藤 修
日本料理の歴史――熊倉功夫
日本の味 醤油の歴史――林 玲子・天野雅敏編
中世の喫茶文化 儀礼の茶から「茶の湯」へ――橋本素子
香道の文化史――本間洋子
天皇の音楽史 古代・中世の帝王学――豊永聡美
話し言葉の日本史――野村剛史
ガラスの来た道 古代ユーラシアをつなぐ輝き――小寺智津子
たたら製鉄の歴史――角田徳幸
金属が語る日本史 銭貨・日本刀・鉄炮――齋藤 努
賃金の日本史 仕事と暮らしの一五〇〇年――高島正憲
書物と権力 中世文化の政治学――前田雅之
気候適応の日本史 人新世をのりこえる視点――中塚 武
災害復興の日本史――安田政彦

民俗学・人類学

古代ゲノムから見たサピエンス史――太田博樹
日本人の誕生 人類はるかなる旅――埴原和郎
倭人への道 人骨の謎を追って――中橋孝博
役行者と修験道の歴史――宮家 準
幽霊 近世都市が生み出した化物――髙岡弘幸
遠野物語と柳田國男 日本人のルーツをさぐる――新谷尚紀

各冊一七〇〇円〜二一〇〇円(いずれも税別)
▽残部僅少の書目も掲載してあります。品切の節はご容赦下さい。
▽書目の一部は電子書籍、オンデマンド版もございます。詳しくは出版図書目録、または小社ホームページをご覧下さい。